THIERRY JANSSEN

Docteur en médecine, chirurgien devenu psychothérapeute spécialisé dans l'accompagnement des malades, Thierry Janssen explore les nombreuses facettes de la guérison, y compris au contact de guérisseurs traditionnels et de praticiens orientaux. Afin de transmettre les principes d'une médecine plus respectueuse de la personne humaine, il a créé l'École de la présence thérapeutique. En outre, il est l'auteur de nombreux ouvrages : *Le Travail d'une vie* (Robert Laffont, 2001), *Vivre en paix* (Robert Laffont, 2003), *Vivre le cancer du sein... autrement* (Robert Laffont, 2006), *La Solution intérieure* (Fayard, 2006), *La maladie a-t-elle un sens ?* (Fayard, 2008), *Le Défi positif* (Les Liens qui libèrent, 2011), et *Confidences d'un homme en quête de cohérence* (Les Liens qui libèrent, 2012).

Retrouvez toute l'actualité de l'auteur sur :
www.thierryjanssen.com

ÉVOLUTION

Des livres pour vous faciliter la vie !

Confidences
d'un homme en quête de cohérence

DU MÊME AUTEUR
CHEZ POCKET

LA SOLUTION INTÉRIEURE
VIVRE LE CANCER DU SEIN… AUTREMENT
LA MALADIE A-T-ELLE UN SENS ?
LE DÉFI POSITIF
CONFIDENCES
UN HOMME EN QUÊTE DE COHÉRENCE

Thierry Janssen

Confidences
d'un homme en quête de cohérence

Les liens qui libèrent

FSC
www.fsc.org
MIXTE
Papier issu de sources responsables
FSC® C003309

Pocket, une marque d'Univers Poche, est un éditeur qui s'engage pour la préservation de son environnement et qui utilise du papier fabriqué à partir de bois provenant de forêts gérées de manière responsable.

ISBN : 978-2-266-23486-3

Pour François.

Il faut porter du chaos en soi pour accoucher d'une étoile qui danse.

Friedrich Nietzsche

Le 16 mars 2009, je suis tombé malade. Disons plutôt que j'ai eu un problème de santé, car, dans les faits, je ne me suis pas senti « malade ». Simplement, le temps d'un trajet en train entre Bruxelles et Paris, je constatai qu'une moitié de mon visage était devenue inerte. Je ne pouvais plus lever le sourcil droit ni bouger les lèvres de ce côté. Sur le moment, j'eus très peur. En tant que médecin, je me mis à imaginer le pire. Le pire, dans ce genre de paralysie faciale, c'est une tumeur au cerveau ou un accident vasculaire cérébral. D'emblée, le diagnostic d'une tumeur me parut peu plausible : les symptômes se seraient probablement installés d'une manière progressive. En revanche, j'angoissai à l'idée d'un accident vasculaire. Puis, dans le taxi qui m'emmenait à l'hôpital, je m'apaisai et me souvins que, le plus souvent, les paralysies du visage surviennent à la suite d'une atteinte virale du nerf facial. Lorsque cette hypothèse se confirme, il faut instaurer sans délai un traitement anti-inflammatoire à base de cortisone pour diminuer le risque de séquelles à long terme. C'est ce qui a été fait.

Tandis que je recevais les premières doses du traitement par voie intraveineuse, je pris conscience de ma fragilité. C'était la première fois que j'éprouvais à ce point le sentiment de ma vulnérabilité. À presque quarante-sept ans, c'était sans doute le bon moment. En même temps, je pensai que ce « petit problème de santé » ne s'était pas produit par hasard. Si je voulais être honnête avec moi-même, je devais reconnaître que, depuis quelque temps, je vivais dans un état de grand épuisement. Après la parution de mon ouvrage *La maladie a-t-elle un sens ?* au mois d'octobre 2008, j'avais enchaîné les interviews, les émissions de radio et de télévision, ainsi que les conférences au rythme d'une ou deux par jour, durant six mois d'affilée, en France, en Suisse, en Belgique et au Québec. De longs trajets en avion, en train ou en voiture, chaque soir dans une ville différente, logé dans des hôtels souvent peu confortables, obligé de faire bonne figure en acceptant de dîner avec les organisateurs à des heures tardives, après d'interminables séances de dédicace. C'était trop pour moi, beaucoup trop. D'autant que j'ai toujours eu besoin de calme et de lenteur. Enfant déjà, je percevais un décalage entre mon rythme intérieur et la course du monde. Je savais qu'il me faudrait inventer une vie paisible.

Je m'en voulais donc de m'être imposé un programme aussi chargé. Quel délire ! Deux jours avant la survenue de ma paralysie faciale, à peine rentré à Bruxelles après un long déplacement en France, j'avais pris la route pour Arlon, dans le sud de la Belgique. J'y étais attendu pour donner une conférence de plus. À mi-chemin, sur l'autoroute, je constatai un brusque changement dans la conduite de ma voiture. Le pneu avant droit venait de crever. Je continuai sur quelques kilomètres jusqu'à une station-service et, là, effondré sur mon volant, je m'entendis affirmer à haute voix que je préférais être mort plutôt qu'avoir à vivre cet incident. Ce n'étaient pas des paroles en l'air. Bien sûr, il y a des événements beaucoup plus graves qu'un pneu crevé. Pourtant, je n'ai pas honte de confier ici le désespoir que j'éprouvai alors. Ce n'était pas la crevaison d'un pneu qui était à l'origine de ma détresse, mais plutôt le contexte de trop-plein d'activités dans lequel cet incident s'était produit. Cette surcharge allait à l'encontre de mes besoins de calme et de lenteur. Non seulement elle m'épuisait, mais, en plus, elle faisait de moi un imposteur. J'invitais les autres à identifier et à respecter leurs besoins essentiels et je n'appliquais pas cette recommandation à moi-même. « Faites ce que je dis, pas ce que je fais. » Dès lors, mes consultations, mes livres et mes conférences n'avaient plus aucune légitimité à mes yeux. J'avais le sentiment d'une véritable tricherie et d'une grande incohérence. Mon existence me paraissait n'avoir plus aucun sens. J'étais désespéré.

Je n'avais jamais été confronté à un tel sentiment d'absurdité. Mon identité en était profondément ébranlée. Et pourtant, ce pneu crevé et mon envie d'en finir avec la vie ne suffirent pas à arrêter ma course folle. En bon petit soldat, j'appelai un taxi, rejoignis la ville d'Arlon dans les temps et donnai ma conférence avec entrain, comme d'habitude. Où trouve-t-on la force de se faire autant de mal ? Ma tricherie vis-à-vis des autres, la trahison par rapport à moi-même, mon incohérence et le sentiment de désespoir qui m'étreignait : je ne suis pas tombé malade par hasard. Bien entendu, la paralysie de mon visage a été causée par un virus, dans un contexte de stress et de fatigue chronique qui a diminué la qualité de mes défenses immunitaires, mais, j'en suis profondément convaincu, quelque chose de plus a participé à l'apparition des symptômes. Quelque chose qui touche à la structure de l'être et se répercute dans toutes ses dimensions, une sorte d'effondrement, la disparition du ciment qui nous façonne et nous permet de tenir debout, l'extinction de la flamme qui nous anime et nous donne la force d'avancer. N'est-il pas cocasse que j'aie été confronté à cette expérience quelques mois après avoir écrit un livre dont le titre interrogeait le sens de la maladie ? On devrait se méfier de certaines questions que l'on pose, car leur réponse n'est pas toujours facile à assumer !

*

Depuis bientôt quatorze ans, je tiens un journal. C'est un cahier dans lequel je me suis mis à écrire spontanément, peu de temps après avoir arrêté de pratiquer la chirurgie. J'y consigne mes impressions, mes émotions et les pensées qui les accompagnent. Parfois cela se résume à une phrase, un mot, un dessin ou une couleur posée sur le papier. Pourvu que je parvienne à exprimer ce qui se passe à l'intérieur de moi. L'important est de pouvoir prendre du recul pour observer celui que je suis. Je crée ainsi, jour après jour, un espace intime dans lequel j'éprouve mes peurs et mes croyances, mes conditionnements et mes défenses, mes contradictions et mes aveuglements. Au début, tenir mon journal fut un formidable moyen de me réveiller. Cela reste une bonne façon de ne pas me rendormir. À condition de le faire de manière régulière, sans complaisance, avec une sorte d'intransigeance bienveillante faite d'objectivité et de compassion. Oser s'avouer ce que l'on pense, sans jugement, en s'acceptant inconditionnellement. Développer en soi celui que, dans mon premier livre, *Le Travail d'une vie*, j'ai appelé l'Observateur. À ce prix sont l'ouverture de notre conscience et la possibilité d'exercer notre responsabilité, c'est-à-dire notre capacité à répondre à celui que nous sommes profondément. Nous pouvons alors renforcer certains aspects de notre personnalité que nous souhaitons privilégier et en transformer d'autres dont nous espérons nous débarrasser.

Sur la première page de mon journal, j'ai pris l'habitude de coller une photo de moi enfant. Elle me rappelle l'immense vitalité et les nombreuses potentialités de celui que j'ai été. Elle me rappelle aussi combien mes peurs et mes conditionnements ont empêché cet « enfant intérieur » de s'exprimer. Écrire chaque jour quelques minutes avec discernement et honnêteté est le meilleur moyen de renouer avec l'élan de vie qui sommeille en moi. C'est sans doute la raison pour laquelle, quelques heures après l'apparition de ma paralysie faciale, j'ai éprouvé le besoin d'ouvrir mon journal. Je ressentais l'urgence de me poser une question : pourquoi avais-je poussé le bouchon aussi loin ? Comment étais-je arrivé à être aussi incohérent par rapport à mon désir de mener une vie paisible ?

Ma réponse me surprit, car elle remettait en cause l'idée même de mon incohérence. Certes, je n'avais pas respecté mes besoins essentiels de calme et de lenteur. Mais n'avais-je pas été très cohérent par rapport à d'autres besoins, beaucoup moins paisibles, plus superficiels sans doute, dictés par ce que j'identifie comme étant mon Ego ? Accepter cette idée revenait à comprendre que j'avais agi par peur, car je savais que ce que l'on appelle l'« Ego » est une réponse à nos craintes, une stratégie de survie constituée de protections et de défenses, un Moi névrotique qui empêche de vivre au niveau plus essentiel du Soi que nous sommes profondément. Dans le cas présent, quelques minutes d'introspection suffirent à me faire voir le besoin de reconnaissance qui m'avait incité à trop souvent répondre positivement à toutes les sollicitations. J'avais eu tellement peur qu'on ne s'intéresse pas à mon travail, j'avais tant redouté que les lecteurs boudent un livre dans le titre duquel figurait le mot « maladie ». Force est de reconnaître que je ne suis pas le premier auteur à écrire des ouvrages proposant une réflexion et des moyens pour « vivre mieux » tout en sacrifiant sa propre santé sur l'autel de la renommée. J'imagine que chacun a ses propres raisons pour justifier ce genre d'égarement. En ce qui me concerne, je ne veux pas me dérober, car je ne veux plus avoir à revivre le sentiment d'anéantissement et de désespoir que j'ai connu sur cette autoroute entre Bruxelles et Arlon. Je ne veux plus tricher avec personne, ni avec ceux que j'accompagne dans mes consultations, ni avec les lecteurs de mes livres, ni avec les auditeurs de mes conférences, et encore moins avec moi-même ou avec la vie, tout simplement.

*

Avant l'épisode de ma paralysie faciale, je croyais pourtant m'être mis définitivement à l'abri de toute incohérence. Onze ans auparavant, j'avais opéré un changement radical dans ma vie. En quelques minutes, sans y avoir réfléchi, j'avais décidé de mettre un terme à ma carrière de chirurgien. C'était le 5 janvier 1998.

D'un coup, j'avais eu le sentiment d'échapper à la dictature de mon Ego. Je me rends compte aujourd'hui combien j'ai été présomptueux de croire que cela suffirait pour ne plus jamais retomber dans le piège de mes peurs. D'autant plus que, sans m'en apercevoir, je n'avais pas complètement mis ma cohérence au service de ce qui m'était essentiel. Tout simplement parce que je ne savais pas ce qu'était réellement mon Essence.

Nous ne devrions pas sous-estimer le pouvoir de nos craintes. Certaines d'entre elles sont si profondément ancrées dans notre histoire que nous ne parvenons plus à les identifier. Il faut alors beaucoup de discernement pour les démasquer. J'aime comparer ce travail à une « chirurgie de l'âme » pour laquelle notre mémoire constitue une lumière indispensable et notre honnêteté un précieux scalpel.

Je me souviens de ce jour où j'ai décidé de devenir chirurgien. J'avais cinq ans. Ma mère venait d'être opérée d'une hernie discale. Au moment précis où elle m'a montré son chirurgien qui passait dans le couloir de l'hôpital, j'ai décidé que j'exercerais le même métier. D'où naissent les vocations précoces ? J'ai de bonnes raisons de penser que la mienne a surgi en réponse à la peur de perdre ma mère. En effet, il y a quelques années, j'ai retrouvé des dessins que j'avais faits à l'époque. Ils montraient une famille éplorée réunie autour d'un cercueil à l'intérieur duquel reposait une maman décédée au cours d'une intervention chirurgicale. Très vite, je me suis fait offrir une panoplie de docteur, puis je me mis à collectionner les seringues usagées que ma marraine, infirmière, me rapportait de l'hôpital. J'aimais lui rendre visite là-bas, sentir l'odeur de l'éther dans les couloirs aux murs couverts de carreaux blancs, imaginer ce qui se passait derrière les grandes portes sur lesquelles était écrit « Bloc opératoire ». Finalement, j'ai transformé ma chambre d'enfant en salle d'opération. J'y passais des après-midi entiers à jouer au chirurgien. C'était probablement ma façon d'apprivoiser le danger de mourir.

Deux ans plus tard, j'ai connu mon premier coup de foudre. J'avais sept ans, je savais à peine lire. Je me rappelle très précisément l'émotion que j'ai éprouvée en déchiffrant un article consacré à la découverte de la tombe du pharaon Toutankhamon. J'étais dans mon lit, fasciné par le récit d'Howard Carter, imaginant la splendeur du mobilier funéraire de ce jeune prince couronné à l'âge de neuf ans, décédé une dizaine d'années plus tard et inhumé dans un endroit oublié de la Vallée des Rois. L'existence de la civilisation pharaonique fut pour moi une joyeuse révélation. Une tombée en amour du même ordre que les trois coups de foudre que j'ai connus par la suite, non plus pour une culture disparue, mais pour des personnes, avec lesquelles j'ai, chaque fois, décidé de m'engager dans une vie de couple. Dans le cas de l'Égypte, l'histoire d'amour ne s'est jamais abîmée ; elle est aujourd'hui encore extrêmement vivante et inspirante. Cependant, je ne suis pas dupe : pendant longtemps, la civilisation pharaonique a été un refuge autant qu'une occasion de me valoriser aux yeux des autres. Car je souffrais d'un immense sentiment d'insécurité. Mon corps était chétif, quasi rachitique, déformé au niveau des genoux et du thorax. Cela m'a valu les moqueries des autres enfants, qui me croyaient fragile, les commentaires désobligeants des adultes, qui me traitaient de « petit Biafrais », en référence à la terrible famine qui frappait alors le sud-est du Nigeria, et l'obligation de me soumettre à des séances de gymnastique médicale trois fois par semaine durant de nombreuses années afin d'éviter une intervention chirurgicale. Qui sait ce qui se passe réellement dans la tête des enfants ? Dans la mienne il y avait beaucoup d'espace, une grande clarté et un réel discernement. Le fait de ne pas me sentir suffisamment à l'aise pour mener une vie extérieure m'a amené à développer une vie intérieure foisonnante et extrêmement sensible. J'ai vécu en compagnie de moi-même, séparé des autres, incapable de prendre part à des jeux collectifs, terrorisé à l'idée d'être mal jugé, rejeté ou violenté. Je préférais m'exclure moi-même avant de l'être par les autres. Et, les rares fois où j'osais établir un contact, c'était en me valorisant à travers une relation d'aide ou d'enseignement.

Aider autrui ne m'était pas très difficile. À force de souffrir, j'avais acquis une réelle capacité d'empathie. Je connaissais ce qui faisait mal, je pouvais donc écouter, conseiller et prendre soin. Cette posture, confortable, m'épargnait le rejet que je redoutais. Je me comportais en « médecin » et jouissais d'une sorte d'ascendant sur les autres ; cela me rassurait énormément. Enseigner me procurait un sentiment de sécurité encore plus grand. Je ne crois pas manquer d'humilité en disant que mes connaissances étaient impressionnantes pour mon jeune âge. Cette affirmation n'est pas modeste, mais à quoi bon diminuer ses mérites ? La modestie n'est pas forcément objective ; l'humilité l'est toujours. Être humble consiste à reconnaître ses qualités et ses défauts, sans les minimiser ni les exagérer, sans s'en accuser ni s'en vanter ; c'est une preuve d'honnêteté. La précocité et l'ampleur de ma culture – en particulier historique –

s'expliquent par le fait que je passais énormément de temps dans des livres habituellement lus par des adultes. C'était un moyen d'éviter le contact avec les autres et, en même temps, de compenser mon manque d'assurance physique par une aisance intellectuelle. Mon plus grand plaisir était alors de partager mes connaissances en les rendant accessibles et attractives. Cela m'a très tôt appris à vulgariser des informations abstraites et spécialisées en les présentant d'une manière vivante et concrète. Les quelques condisciples qui s'intéressaient à mes discours finirent par m'appeler « Thierry J'enseigne ».

L'un des meilleurs souvenirs de mon enfance est sans aucun doute ma rencontre avec Arpag Mekhitarian, le regretté secrétaire général de la Fondation égyptologique Reine Élisabeth à Bruxelles. J'avais neuf ans. Mes parents m'avaient parlé de cet égyptologue qu'ils avaient vu dans une émission de télévision. Frustré d'avoir manqué l'émission en question, je décidai d'écrire au présentateur afin de lui demander comment entrer en contact avec son invité. Au bout de quelques jours, j'eus le bonheur de recevoir par la poste une enveloppe libellée à mon nom et portant le sigle de la chaîne de télévision ; puis, un peu plus tard, une autre enveloppe, frappée cette fois du monogramme de la Fondation égyptologique. Après m'avoir accordé un long entretien dans son bureau du Musée d'art et d'histoire, Arpag Mekhitarian m'invita à suivre les conférences du jeudi soir à la Fondation. Ce que je fis durant de nombreuses années.

J'ai du mal à croire que ma passion pour l'Égypte ancienne pourrait n'être qu'une réponse au sentiment d'insécurité que j'éprouvais dans mon enfance. Car, en plus d'avoir été un refuge et un moyen de me valoriser, elle a aussi constitué une occasion inespérée de me connecter à la vie. J'ai reconnu dans les images de la civilisation pharaonique des archétypes très puissants. J'avais l'impression de me souvenir d'une sagesse qui résonnait avec ce qu'il y avait en moi de plus primaire, premier et fondamental. D'aucuns m'ont affirmé que ce genre de sentiment correspondrait à la réminiscence d'une ou de plusieurs vies antérieures passées sur les bords du Nil. J'aimerais les croire, mais je refuse de me contenter de croyances. Ce qui me paraît évident, en revanche, c'est que la simplicité, la clarté et la force du message égyptien véhiculent un bon sens absolument vital pour notre humanité. Il n'est donc pas si étonnant que nous soyons nombreux à être fascinés par les vestiges de l'Antiquité pharaonique. Ceux-ci nous relient à la nature, à notre propre nature et aux principes éternels de la vie. Il y a dans ce lointain passé une nourriture très précieuse pour notre modernité déconnectée du vivant. L'Égypte ancienne est une source spirituelle inestimable, dans le sens où son symbolisme permet d'accéder à une meilleure compréhension de l'esprit des êtres et des choses – ce *spiritus* latin, ce « souffle » qui relie et anime tout ce qui est. L'Égypte ancienne est la source de ma spiritualité.

Un autre bon souvenir de mon enfance remonte au 6 décembre 1972, lorsque, âgé de dix ans, je reçus pour la Saint-Nicolas le merveilleux et très sérieux livre *Vie et mort d'un pharaon*, que l'égyptologue Christiane Desroches Noblecourt a consacré au pharaon Toutankhamon. Je me rappelle mes efforts pour comprendre la complexité de l'arbre généalogique, encore hypothétique à l'époque, de la famille royale à laquelle appartenait le jeune pharaon. Assurément, le niveau de ce livre était trop élevé pour mon âge. Je parvins néanmoins à en retirer de nombreux renseignements qui constituèrent la base de mon « enseignement égyptologique ». Mes parents étaient très fiers de ce petit garçon capable d'énumérer la succession des Thoutmosis et des Aménophis en les replaçant dans leur contexte historique, et de parsemer son discours d'anecdotes qui démontraient une connaissance approfondie de la XVIIIe dynastie de la chronologie égyptienne. J'étais rassuré d'obtenir ce genre de reconnaissance ; elle compensait le fait que je refusais d'intégrer le scoutisme ou même de pratiquer un sport. Jusqu'au jour où, de façon tout à fait anodine, mon père me fit remarquer que ma manière de prononcer le nom de Lord Carnarvon, le mécène qui finança les fouilles du tombeau de Toutankhamon, manquait de précision. Il semblait que j'oubliais le « r » de la première syllabe du patronyme, à moins que ce ne soit celui de la seconde. Je ne sais plus. Je n'ai jamais voulu savoir. La remarque de mon père m'avait profondément vexé. Je l'ai vécue comme une humiliation. Elle est, je crois, à l'origine du perfectionnisme qui a si souvent empoisonné mon existence. Au-delà du défaut de prononciation qu'évoquait mon père, j'ai entendu que je n'avais droit à aucune erreur si je voulais être assuré d'être accepté. Il fallait que je sois parfait si je voulais espérer être aimé.

*

J'ai donc passé mon enfance partagé entre le projet de devenir chirurgien et le désir de me consacrer à l'égyptologie. Tantôt je jouais au docteur-qui-sauve-des-vies dans ma chambre-salle d'opération, tantôt je me prenais pour un prêtre-qui-rend-grâce-à-la-vie dans le garage de la maison familiale, dont j'avais couvert les murs de hiéroglyphes pour l'aménager en tombeau pharaonique. Entre ces deux occupations, je lisais des livres très sérieux, je communiquais ma passion à ceux qui voulaient bien m'écouter et, tard le soir, je dansais seul dans le noir.

La danse m'a sauvé la vie. J'ignore ce qui m'a poussé à danser. Un instinct de survie, probablement. Mais aussi un sens du rythme qui éveillait en moi des émotions très fortes lorsque j'écoutais de la musique. Des émotions joyeuses, confiantes et libérées. De la fluidité et du plaisir. Un plaisir vécu dans le corps. Cela n'avait rien à voir avec le contentement que j'éprouvais à la lecture ou à la rêverie. Je devais avoir dix ou onze ans lorsque, spontanément, je me mis à bouger au son des tambours et des violons, m'autorisant des mouvements que, jusqu'alors, je n'avais jamais osé effectuer par manque d'assurance, ou bien qui m'avaient été imposés au cours de mes séances de gymnastique obligatoires. La danse m'a donné le goût de m'incarner. Plus j'habitais mon corps, plus je désirais en faire l'expérience. Ce fut une découverte à la fois extérieure et intérieure, une exploration de l'espace autour de moi en même temps qu'une appropriation de l'espace en moi. Une source d'apaisement. Un excellent moyen de dissiper mes craintes et de trouver, enfin, un peu d'assurance.

La sexualité fit le reste. En fait, ce n'est pas tout à fait exact. Dans un premier temps, il me fallut accepter l'idée que j'étais attiré par des individus du même sexe. J'avais sept ans lorsque je ressentis mon premier émoi pour un garçon, neuf ans lorsque j'osai ma première relation charnelle, une relation homosexuelle. Je redoutais alors d'être démasqué et stigmatisé. J'avais honte. J'avais peur. Plus que tout, je craignais de décevoir mes parents. D'autant que, lors d'une fête de famille, j'avais entendu ma mère parler à mes grands-parents d'une émission de télévision dans laquelle il avait été dit que les homosexuels étaient des malades mentaux auxquels il ne fallait pas en vouloir puisqu'ils étaient atteints d'une pathologie incurable. Cela ne fit que renforcer ma tendance au repli. S'ensuivirent quelques années d'immense solitude et, surtout, de grande souffrance. Malgré mes stratégies d'isolement et d'évitement, je commençai à faire l'objet de moqueries, certains associant ma sensibilité à de la féminité. Si seulement les enfants savaient le mal qu'ils font lorsqu'ils se défoulent avec une telle cruauté sur l'un de leurs camarades. Je ne souhaite à personne d'avoir à subir les railleries, les menaces et les agressions que j'ai endurées quotidiennement à l'école durant plus de six ans. Si je n'avais pas eu l'Égypte pour échapper à cet enfer, je n'aurais probablement pas pu me construire avec autant de sérénité. Longtemps, j'ai entretenu le secret espoir de revenir à la « normalité ». En même temps, d'une manière paradoxale, j'étais heureux de découvrir la sensualité et le plaisir sexuel, fût-il homosexuel. Cela me permettait de me sentir bien dans mon corps. De plus, le fait d'être désiré me rassurait quant à ma propre valeur et, d'une certaine façon, m'aidait à acquérir davantage d'assurance dans mes relations avec les autres.

Écrire ces lignes ne m'est pas facile. J'aurais aimé éviter d'avoir à le faire. Mais, je l'ai dit, une bonne chirurgie de l'âme ne peut être accomplie sans l'aide d'un bon scalpel, et ce scalpel est notre honnêteté. Comment parler des peurs qui m'ont poussé à mettre ma cohérence au service d'intentions névrotiques sans « avouer » mes craintes de rejet liées à ma sexualité ? Je ne peux pas dissimuler un aspect aussi important de ma personne, ce serait une trahison envers la partie la plus essentielle de mon être, cette dimension que j'appelle l'« Essence » ou le « Soi ».

Évidemment, la révélation de mon « imperfection » sexuelle réveille les peurs de mon Ego. J'ai longtemps résisté avant de me décider à écrire ces *Confidences*, car je savais que je ne pourrais pas me dérober. D'une manière totalement irrationnelle, je crains encore d'avoir à revivre les condamnations, les humiliations et les violences que j'ai dû affronter par le passé. Je suis étonné de constater que cette peur demeure malgré le fait que j'aie finalement assumé mon homosexualité. Cela ne s'est pas fait en un jour. À plusieurs reprises, j'ai expérimenté l'hétérosexualité. J'ai même failli me marier avec une jeune femme, avant de rompre les fiançailles non pas tant pour cause d'incompatibilité sexuelle, mais plutôt pour échapper à un mode de vie trop conventionnel. J'avais vingt-quatre ans, j'allais obtenir mon diplôme de médecin. Un an plus tard, j'ai rencontré un homme, marié, père de famille et très malheureux. J'en suis tombé amoureux. Pour la première fois de ma vie, j'ai compris ce qu'était la passion – cet engouement irrépressible qui nous attache à l'autre au point que l'on ne peut plus s'imaginer vivre sans lui et que la simple idée d'en être séparé nous fait cruellement souffrir. Jusqu'alors, je n'avais jamais pensé que ce genre de relation pouvait exister entre deux hommes. Pour moi, les sentiments et l'engagement étaient du domaine de l'hétérosexualité ; l'homosexualité ne permettait d'accéder qu'à la sensualité et au plaisir charnel. J'étais persuadé qu'un couple ne pouvait se former qu'avec une personne de sexe opposé. Ma rencontre avec cet homme m'a convaincu du contraire. Toutefois, j'ai immédiatement compris que, du fait de sa situation familiale, je ne pourrais jamais concrétiser un tel projet avec lui.

Je me rends compte aujourd'hui combien cette rencontre a été déterminante. Le fait de côtoyer un homme obligé de se cacher pour vivre sa sexualité m'a fait voir à quel point il était douloureux de se renier. J'ai compris que ce n'était pas le jugement d'autrui qu'il fallait redouter, mais bien celui que l'on porte sur soi-même. Cela m'a incité à accepter qui j'étais sur le plan sexuel. Je crois que c'est la première fois que j'ai éprouvé un peu d'amour pour moi-même. Je me suis donc promis de ne plus jamais cacher mon homosexualité.

Je me dis souvent que, si je pouvais recommencer ma vie en décidant de son contenu, je choisirais d'avoir à assumer une particularité aussi discriminante que la différence sexuelle. Cette épreuve a été une chance, une sorte de chemin initiatique qui m'a appris la tolérance et la compassion envers moi-même et envers les autres. Elle a aussi été l'occasion de prendre conscience des effets désastreux qui se produisent lorsque nous renions celui que nous sommes profondément. Je ne voulais plus connaître la peur, la honte, la solitude, le mensonge et la trahison. Je voulais vivre dans la confiance, l'acceptation, l'union, l'honnêteté et l'authenticité. Je ne pouvais donc plus me comporter selon la logique de mon Ego ; je devais, au contraire, inventer une vie qui respecterait ce qui m'était essentiel. C'est le premier acte de cohérence que je posai en conscience au service de mon Essence.

*

J'aime me rappeler ces instants de mon existence où j'ai fait un choix en étant pleinement conscient de qui j'étais. Ces parenthèses de lucidité extrême restent profondément gravées dans ma mémoire, comme des repères qui m'aident à mieux comprendre comment s'est dessiné le chemin de ma vie. Le jour où j'ai choisi de suivre des études de médecine fait partie de ces instants remarquables. Je me rappelle très bien le dialogue qui s'est tenu en moi-même entre la voix pro-égyptologique et la voix pro-chirurgicale. À dix-huit ans, les arguments altruistes de la seconde l'ont emporté sur les justifications plus égoïstes de la première. Toutefois, je connais suffisamment la complexité de la psyché humaine pour supposer que d'autres facteurs sont intervenus d'une manière non conscientisée. Ainsi, le besoin de rester en lien avec le corps n'est certainement pas étranger à mon orientation vers une profession qui permet de le toucher, d'en prendre soin et de lui faire du bien.

Je n'ai pas commencé des études de médecine pour devenir médecin. Je voulais devenir chirurgien. Il n'était pas question de m'éloigner de ce but. Il fallait donc que j'élabore un curriculum vitae suffisamment brillant pour être sélectionné au concours qui décidait de l'accès aux spécialités chirurgicales. En bon perfectionniste, j'étais prêt à tous les sacrifices pour relever ce défi. Habitué à passer beaucoup de temps dans les livres d'égyptologie, je n'eus pas trop de difficultés à me plonger dans les traités médicaux d'une manière assidue, chaque jour, pendant plusieurs heures d'affilée. Dès la troisième année, je me fis engager comme étudiant-chercheur dans un laboratoire de chirurgie expérimentale. J'y passais deux après-midi par semaine, en plus des cours. Je m'y familiarisai avec certaines techniques opératoires, ce qui calma mon impatience de commencer ma formation de chirurgien. En outre, j'y participai à différents travaux qui donnèrent lieu à des publications scientifiques.

Mon curriculum vitae devint rapidement très fourni. Je finis ainsi par être classé en tête des candidats à la spécialisation en chirurgie. Je pus choisir la discipline urologique que je convoitais et fus accepté dans les meilleurs services de l'université pour y parfaire mon apprentissage. La voie était royale. À l'époque, j'étais très fier de pouvoir l'emprunter. Aujourd'hui, je n'en tire plus aucune gloire, car je sais le prix que j'ai payé pour y accéder. Un prix beaucoup trop élevé. Sans m'en rendre compte, j'ai renoncé à tout ce qui m'avait passionné jusqu'alors – l'égyptologie et, plus largement, l'histoire, l'anthropologie, la philosophie, l'étude des religions. Je ne me suis pas amusé avec l'insouciance propre à la jeunesse. Je ne me suis pas permis les folies qu'il est bon de s'autoriser tant que l'on a encore peu de responsabilités à assumer. Je n'ai fait que travailler. Mes ambitions chirurgicales me fournissaient une bonne excuse pour ne pas m'investir dans une vie sociale qui, à ce stade de mon parcours, me faisait encore très peur.

La fin de mes études médicales et ma sélection au concours des spécialités me permirent de relâcher la pression. Il était temps, je n'en pouvais plus. Immédiatement, je partis en voyage avec des amis sur la Côte d'Azur, puis à Rome, où je connus une libération sexuelle sans précédent. Jamais je n'avais été aussi libre et heureux. J'avais l'impression de découvrir la vie. Malheureusement, dès le mois de septembre, je m'imposai de nouveau un rythme et des contraintes d'enfer, car, non content de vouloir devenir chirurgien urologue, j'aspirais à un poste de professeur d'urologie. En d'autres termes, j'étais incapable de me contenter de ce que je vivais dans le présent. Je me projetais dans un futur à long, voire très long terme. Mon ambition était sans limite. Si seulement j'avais compris alors qu'elle puisait dans les frustrations et les peurs de mon enfance, je ne me serais probablement pas fait autant de mal.

Je m'épuisai à la tâche. Certes, je fus un bon apprenti, puis un bon praticien, un bon chercheur et un bon enseignant. Le problème avec les besoins névrotiques, c'est qu'ils ne sont jamais complètement assouvis. Les intentions qu'ils font naître creusent un puits sans fond. Et, si nous n'y prenons pas garde, elles nous éloignent de ce qui nous est essentiel. Trop de Moi empêche d'accéder à Soi. Ainsi, mon besoin d'excellence me rendait impatient, exigeant, parfois méprisant envers moi-même et envers les autres. Je devins autoritaire et manipulateur, souvent injuste. Il arrivait que ma détermination confine à l'entêtement et à l'aveuglement. Je fonçais tout droit vers une impasse.

Frustré par le manque de perspectives de carrière académique au sein de l'université de Louvain, où j'avais été formé, je partis aux États-Unis, puis en France, pour parfaire mon curriculum vitae. À mon retour en Belgique, je réussis à me faire embaucher au sein du département d'urologie de l'université de Bruxelles. Là, j'espérais gravir les échelons qui me conduiraient au professorat. Où trouve-t-on autant d'énergie pour obtenir ce que l'on convoite ? Je crois que c'est dans la rage vitale qui sert à calmer nos peurs, à combler nos manques et à effacer nos frustrations. Le drame, c'est que, souvent, cette rage n'est pas suffisamment maîtrisée pour être réellement utilisée à notre avantage. Car la logique névrotique est une logique de survie : elle alimente toutes sortes de stratégies de protection et de défense ; elle engendre une poussée à laquelle s'oppose une résistance ; elle crée toujours plus de peurs, de manques et de frustrations, et, inévitablement, elle finit par provoquer le chaos et la souffrance.

C'est exactement ce que j'ai expérimenté durant les cinq années où j'ai travaillé à l'université de Bruxelles. Aujourd'hui, je ne peux m'empêcher de sourire lorsque je repense à la fougue et à l'impétuosité que je manifestais alors. Comment osais-je imaginer que mon ambition démesurée ne rencontrerait aucune résistance ? Je rayonnais comme un soleil, mais j'avais oublié que la lumière engendre aussi de l'ombre, et je n'avais pas encore compris que l'on peut être dévoré par cette obscurité. Je consultais, j'opérais, j'enseignais, je dirigeais, trop bien, trop fort, trop bruyamment, pas assez humblement. Je ne respectais absolument pas la hiérarchie, je me comportais comme si j'étais déjà le chef du service. Cette arrogance masquait mon incertitude. Derrière cette façade, je craignais en réalité de ne pas y arriver, de ne pas être à la hauteur, et finalement d'être exclu et rejeté. L'ironie de ce genre de comportement, c'est qu'il finit par provoquer ce que nous redoutons, comme pour nous obliger à abandonner nos défenses pour, enfin, créer une réalité plus apaisée. Parce que je craignais d'être rejeté, c'est exactement ce qui m'est arrivé.

La réalité est cependant plus complexe que je ne la décris ici. En plus de redouter l'exclusion et le rejet, je craignais de perdre le contrôle de la situation. J'avais peur d'être manipulé, voire trahi par mon patron. Je commençai donc à manipuler et à trahir, et m'entourai de gens qui menaient un combat politique contre lui. Cela ne fit qu'aiguiser sa méfiance, puis l'encouragea à me manipuler à son tour, et finalement à s'opposer à mon projet. En quelques mois, mes perspectives de carrière académique s'évanouirent. Je me tournai alors vers des amis du département d'urologie, qui me proposèrent de les rejoindre au sein du centre de cancérologie de l'université – l'institut Jules Bordet –, dont la réputation internationale me permettait d'envisager la réalisation de mes ambitions académiques.

À l'époque, je n'avais pas le recul ni l'objectivité nécessaires pour analyser la situation. J'éprouvais simplement un malaise grandissant, une sensation d'étouffement. Je me plaignais des manques et des incompétences de mes collègues, je dénonçais les failles et les incohérences de mon patron, je condamnais l'inertie et les dysfonctionnements de l'institution. Lorsqu'on n'a pas effectué un travail de conscience sur soi-même, on a tendance à accuser les autres de son propre mal-être. Pour moi, le mal venait de l'extérieur ; la solution ne pouvait donc venir que du même endroit.

*

La logique névrotique est une logique de survie qui finit par nous tuer. C'est une mécanique tragique et pathétique. Heureusement, il y a en nous des forces de vie qui, au moment où nous risquons de nous abîmer définitivement, nous invitent à renouer avec la confiance et la fluidité nécessaires pour adopter une logique apaisée. Nous quittons alors la survie pour entrer dans la vie.

Durant les six derniers mois de mon activité au sein du département d'urologie de l'université de Bruxelles, j'ai souffert d'eczéma et de conjonctivites à répétition. La tension et le stress que je m'imposais créaient en moi un déséquilibre qui ne se manifestait pas seulement à travers un sentiment d'agacement et d'épuisement, mais aussi par des symptômes physiques qui étaient autant de messages auxquels je n'étais alors pas attentif. Sans tomber dans la psychologisation excessive des symptômes, j'aurais pu m'interroger sur ces démangeaisons cutanées qui me faisaient me sentir si mal dans ma peau. J'aurais aussi pu me demander ce que l'inflammation de mes yeux m'empêchait de voir ou, peut-être, me dispensait de regarder. Mais je n'étais pas dans cette conscience-là. Je cherchais des coupables en dehors de moi, je n'étais pas prêt à assumer une quelconque responsabilité face à mon mal-être.

Un soir, en rentrant d'un dîner chez mes parents, j'ai été pris d'une subite crise de larmes accompagnée d'un profond désespoir. J'avais l'impression que les dés étaient jetés. Je n'en pouvais plus de lutter et, en même temps, je n'imaginais pas possible de relâcher la tension. Je me sentais prisonnier. Je l'étais. Mais, contrairement à ce que je croyais, je n'étais pas la victime d'une personne ou d'un système. J'étais le prisonnier de moi-même. En fait, tout au fond de ma conscience, je le savais : personne d'autre que moi ne pouvait ouvrir la porte qui me maintenait enfermé, car j'étais le seul à en posséder la clé. Mon incapacité à faire usage de cette clé me rendait furieux. Le drame est que, au lieu d'utiliser ma rage pour sortir de ma prison et faire éclore mon potentiel, je la dirigeais vers autrui sous forme d'agressivité, ou, pire, je la retournais contre moi-même en me dénigrant et en déprimant. J'étais au bord du gouffre.

Il y a quelques années, j'ai participé à une émission de télévision à laquelle le journaliste Philippe Labro était également invité. Je venais y parler de mon livre *Vivre en paix*, lui présentait son ouvrage *Tomber sept fois, se relever huit*, dans lequel il racontait sa dépression. Alors que nous étions tous deux au maquillage avant de passer en plateau, Labro me fit remarquer que, contrairement à ce qui lui était arrivé, j'avais évité de tomber dans le gouffre. « Vous avez eu un bon instinct de survie », me dit-il. Je lui répondis qu'il me paraissait plus juste de parler d'un « instinct de vie ». La nuance est importante, capitale même, car elle permet de faire la distinction entre ce que j'appelle la « loi de la survie » – ou « loi du Moi névrotique et égotique » – et la « loi de la vie » – ou « loi du Soi apaisé et essentiel ». La force avec laquelle cet instinct de vie s'est manifesté dans mon histoire me fascine encore aujourd'hui, quatorze ans après.

C'était le 5 janvier 1998, date de mon entrée en fonction à l'institut Bordet, où j'espérais poursuivre mon ascension vers le professorat. En partant pour l'hôpital ce matin-là, je ne savais pas que trois heures plus tard je mettrais un terme définitif à ma carrière de chirurgien. Dans l'ascenseur, ma secrétaire me parlait et je ne l'écoutais pas ; j'étais déjà ailleurs. Je suis entré dans mon nouveau bureau, je me suis assis et j'ai été pris d'une grande sensation de vide. J'ai entendu une voix, ma propre voix, résonner dans ma tête : « Si tu restes ici, tu vas mourir ! » Avec le recul, je me demande si j'ai réellement entendu cette voix ou si elle fait partie d'un souvenir reconstruit. La mémoire est un mécanisme étrange dont la fonction n'est pas tant d'archiver la vérité que d'organiser notre pensée afin que les événements qui la nourrissent prennent une signification et une direction donnant du corps à notre identité et du sens à notre existence. Lorsque je me remémore cette matinée, je me revois marcher dans les couloirs menant de l'ascenseur à mon nouveau bureau. J'ai l'impression que, tout au long du chemin, j'ai entendu ma voix intérieure me dire qu'il fallait que je sauve ma peau, que je m'en aille sans délai. Sans regret. Le temps d'écrire une lettre de démission dans laquelle je demandais pardon de faillir à mon engagement, et justifiais mon départ par le fait que je ne pouvais pas tricher, ni avec moi, ni avec ceux qui, au sein de l'université, avaient placé leur confiance en moi. J'ai confié ma lettre à un assistant afin qu'il la remette aux autorités concernées, j'ai rassemblé mes affaires et j'ai quitté l'hôpital sans me retourner. Je ne voulais pas avoir à m'expliquer plus longuement. Je n'avais aucun autre argument pour imposer mon choix. C'était, pour moi, la seule solution.

*

En quittant l'hôpital, ce 5 janvier 1998, j'ai appelé François, mon compagnon, pour lui annoncer la « bonne nouvelle ». J'éprouvais un sentiment de liberté que je n'avais jamais connu auparavant. Je n'avais pas peur. Tout me paraissait possible. J'étais né une seconde fois. Je crois d'ailleurs que c'est ce que j'ai dit à François : « Aujourd'hui, je suis né une nouvelle fois. » Ai-je réellement prononcé ces mots à ce moment-là, ou bien était-ce un peu plus tard ? J'ai oublié. J'aime l'idée d'avoir vécu cet épisode décisif d'une façon très consciente, mais, en réalité, je crois que je manquais de recul pour en comprendre toute l'importance. Ce qui est certain, en revanche, c'est que, lorsque François m'a demandé ce que j'allais faire dorénavant, je lui ai répondu : « Je ne sais pas ce que je ferai, mais je sais ce que je ne ferai plus ! » Je n'abandonnais pas mon métier parce que je voulais en exercer un autre ; j'arrêtais de pratiquer la chirurgie parce que je ne voulais plus la pratiquer. Il faut savoir faire de la place avant de remplir l'espace. D'emblée, j'ai eu l'intuition qu'en quittant ma profession je créais un vide qui allait permettre à mon désir de se manifester et de grandir. Jusqu'à la découverte de ce qui, encore inconnu, demandait à s'exprimer en moi. Quelque chose que je pressentais être essentiel. Le tout était d'avoir assez de confiance et de patience pour accompagner cet accouchement de Soi.

Dans les jours qui suivirent, certains patients m'appelèrent pour me dire combien ils étaient désolés d'apprendre ma démission ; ils m'avouèrent tout le bien qu'ils pensaient de moi et insistèrent pour que je reconsidère ma décision, car, d'après eux, j'étais le meilleur. Je leur répondis que mon perfectionnisme m'avait conduit à assumer ma fonction du mieux que je pouvais, mais que, désormais, je ne souhaitais plus l'assumer ; je leur indiquai un autre praticien et leur souhaitai bonne route. D'autres moins délicats m'accusèrent de les avoir trahis et abandonnés ; pour ceux-là, j'étais le mauvais. Je leur fis remarquer que, en leur recommandant un confrère tout aussi compétent que moi, je mettais en place une continuité des soins qui ne pouvait être assimilée ni à un abandon, ni à une trahison ; et je leur souhaitai également bonne route. Ces conversations parfois un peu tendues furent un excellent test. Elles me permirent d'éprouver la fermeté de mon choix et, surtout, m'apprirent que l'on peut échapper au piège de l'Ego. Il n'était pas question pour moi, à ce moment-là, de céder à la flatterie des uns ou aux tentatives de culpabilisation des autres. Je ne me considérais ni comme le meilleur, ni comme le mauvais. J'étais tout simplement un homme en quête de cohérence. J'essayais d'être honnête avec moi et avec les autres. Je n'avais donc rien à me reprocher.

Le souvenir de ces conversations m'aide encore aujourd'hui à rester en contact avec ce qui m'est essentiel. Il n'est pas facile de résister aux tentations de l'Ego, toujours prêt à répondre aux attentes des uns et des autres, sans aucun discernement, dans le seul but d'être aimé. Être capable de dire « non », quelle libération ! Revenir à nous-même et nous demander si nous sommes réellement la bonne personne pour faire ce que l'on nous enjoint de faire. Se demander si nous sommes la bonne personne pour faire ce que nous nous imposons à nous-même de faire. Encore faut-il savoir qui nous sommes, ou plutôt qui nous souhaitons être. Car nous sommes au moins deux : notre Ego et notre Essence – notre Moi névrotique et notre Soi apaisé.

L'état d'apaisement dans lequel je me suis retrouvé juste après avoir mis un terme à ma carrière chirurgicale m'a permis d'entrer en contact avec mon Essence. Hélas, il n'a pas duré longtemps. Très vite, mes peurs existentielles sont réapparues. Plus les jours passaient, plus je prenais conscience de l'ampleur des dégâts. En quelques minutes, j'avais détruit le projet de toute une vie et, avec lui, l'image de brillant chirurgien qui me rassurait tant. Ma démission ressemblait à un suicide. J'avais beau pressentir que j'avais quelque chose d'essentiel à exprimer, je n'avais pas la moindre idée du chemin à emprunter pour y parvenir.

J'ai tout d'abord imaginé faire le tour du monde afin de concrétiser un projet artistique qui occupait mes pensées depuis plusieurs mois. Car la poussée de mon Essence avait commencé bien avant ce 5 janvier. Elle s'était traduite par un désir de création artistique. Au cours de mes deux dernières années de pratique chirurgicale, en compagnie de François, j'ai couru les musées et les foires d'art contemporain. Après chaque visite, j'éprouvais une sorte de fébrilité à créer. Les idées se bousculaient dans ma tête, je concevais toutes sortes d'œuvres dont le message correspondait – je m'en rends compte aujourd'hui – aux grands thèmes que j'ai abordés par la suite dans mes différents livres. J'envisageais notamment de faire un tour du monde des aéroports et d'y prendre des photos qui interrogeraient l'uniformisation des cultures. Les projets de ce genre me remplissaient de joie mais, très vite, ils devenaient une source d'anxiété. Car ma créativité cherchait surtout à combler mon besoin de reconnaissance. Dès qu'une idée surgissait, elle s'accompagnait de l'ambition mégalomaniaque de la voir s'imposer comme la meilleure. J'étais obsédé par le succès. Fallait-il que ma blessure fût profonde pour mettre autant de temps à cicatriser !

Je ne suis pas parti autour du monde. J'ai repris l'écriture d'un roman que j'avais commencé un an auparavant. Une histoire qui se déroulait dans l'Égypte ancienne, un prétexte pour étaler ma culture égyptologique tout en défendant une théorie contestée à propos de la construction de la pyramide du pharaon Khéops. Je ris de moi-même lorsque je repense à ce roman. Tous les ingrédients y étaient réunis pour alimenter ma névrose. À l'époque, je n'en avais pas conscience. La seule chose dont je me rendais compte, c'était que, une fois de plus, mon projet me stressait. J'étais impatient, pressé, anxieux. Dans ces conditions, comment pouvais-je espérer écrire un bon roman ? À peine le manuscrit achevé, je l'ai envoyé à l'éditrice Anne Carrière. Gentiment, elle m'a invité à déjeuner pour parler non pas de mon texte, mais de mon étrange parcours. Car, entre-temps, j'étais entré dans le monde de la mode en devenant directeur d'un magasin Emporio Armani à Paris.

*

Notre Ego est prêt à tout pour arriver à ses fins. Son imagination est sans borne, son énergie sans limite. Il m'en a fallu, de l'imagination et de l'énergie, pour briguer un poste de directeur dans une maison de prêt-à-porter aussi prestigieuse que celle de Giorgio Armani. Là encore, d'une manière non consciente, je repérais un moyen d'apaiser ma névrose. Si bien que, lorsqu'une amie attachée de presse m'apprit que la marque Emporio n'avait plus de directeur à Paris, je me dis immédiatement que c'était une excellente opportunité pour moi. Paris est la ville de mes ancêtres du côté de ma grand-mère paternelle. Je la trouve belle et solaire. Depuis que je l'avais découverte à l'âge de onze ans, j'avais toujours voulu y vivre – ce que j'avais fait en 1993, lorsque j'effectuais un stage à l'hôpital Saint-Louis. Je rêvais d'y retourner. Mais, au-delà de l'attrait de Paris, il y avait dans ce projet la promesse de travailler au sein d'un univers créatif, au sommet d'une hiérarchie, sous un nom qui forçait l'admiration. Je ne voyais pas ces pièges de l'Ego. Je ne pensais qu'à une chose : sauver ma peau. Car plus les semaines passaient, plus ma situation devenait inconfortable. Mes amis, pour la plupart médecins, jugeaient que mon abandon de la chirurgie avait été un acte de folie ; mes parents étaient inquiets, et cela m'attristait ; les factures à payer s'accumulaient, tandis que mes maigres économies étaient presque épuisées. Heureusement, je bénéficiais du soutien bienveillant de François. Jamais il ne m'a jugé ni ne s'est opposé à mes projets. Sans lui, je n'aurais peut-être pas pu suivre le fil qui se déroulait devant moi avec autant de confiance. L'amour donne des ailes quand il est témoigné de façon inconditionnelle.

J'envoyai donc une lettre de candidature spontanée à Giuseppe Brusone, le président de la société Armani à Milan. Je connaissais un peu le fonctionnement de cette maison : mon compagnon, architecte, avait travaillé à l'implantation de plusieurs de ses boutiques en Belgique. En revanche, je n'avais aucun intérêt particulier pour la mode. Alors que rien ne paraissait plus improbable que d'engager un ex-chirurgien pour diriger un magasin de prêt-à-porter, j'avais la profonde conviction que j'obtiendrais le poste. J'ignore d'où elle venait, mais elle s'est révélée contagieuse. Giuseppe Brusone interrogea quelques employés d'Armani que je connaissais à Bruxelles, et ceux-ci lui certifièrent que, loin d'être fou, je possédais de grandes qualités de rigueur et de précision, ayant travaillé dans les meilleurs centres hospitaliers. Je finis par être convoqué à Paris afin de rencontrer MM. Brusone et Armani. L'entretien devait se dérouler le 11 mars 1998 à l'occasion d'un défilé organisé place Saint-Sulpice pour marquer l'ouverture d'une nouvelle boutique boulevard Saint-Germain.

Le défilé ayant été annulé en dernière minute pour des raisons de sécurité, ma rencontre avec Giuseppe Brusone fut reportée *sine die*. Mais cela n'entama pas la certitude que j'avais d'être engagé. Quinze jours plus tard, j'étais à Milan face au président de la société Armani. Lorsqu'il me demanda pourquoi j'avais abandonné mon « beau métier », je lui répondis que je n'avais pas le recul nécessaire pour expliquer mon choix. Je ne venais pas lui parler de mon passé, mais de mon futur. L'entretien dura moins de cinq minutes et se conclut par une déclaration des plus étonnantes. « Je suis fou, mais je vous engage », me dit Giuseppe Brusone. Je ne pus m'empêcher de penser que j'étais aussi fou que lui d'avoir voulu être engagé !

Mon nouveau patron m'envoya immédiatement à Londres visiter une société chinoise qui possédait plusieurs licences dans le prêt-à-porter de luxe. Je devais m'y familiariser avec la réalité du commerce de la mode. Ce fut pour moi l'occasion de découvrir qu'il ne faut pas s'identifier à ce que l'on fait. De manière très consciente, je compris que j'étais un être qui fait des choses et pose des actes, mais que ces choses et ces actes ne suffisaient pas à définir celui que j'étais. Je me souviens parfaitement du moment où j'ai pensé cela. Je me trouvais dans le magasin Emporio Armani de Brompton Road, en train de poser des épingles sur le bas d'un pantalon que j'essayais de vendre. En effet, la première étape de mon apprentissage avait concerné la vente. Les Chinois m'avaient mis au défi de devenir le meilleur vendeur du magasin en un temps record. Je n'avais pas eu le choix. Je déguisais donc les clients en m'exclamant que les vêtements leur seyaient parfaitement, je leur proposais d'ajuster les cintrages et les ourlets, puis, une fois qu'ils étaient chargés de paquets, je les raccompagnais jusqu'à la porte du magasin avec un grand sourire. J'étais donc en train de poser des épingles lorsque, soudain, je me vis en train de recoudre la plaie d'un patient. La juxtaposition des deux images était saisissante, et la confrontation de ces deux expériences me parut humiliante. Après tout, n'étais-je pas un brillant médecin ? Dans un éclair de lucidité, je compris que je manquais singulièrement d'humilité. Je n'étais ni médecin, ni vendeur ; j'étais Thierry qui *avait fait* le médecin et qui, pour l'heure, *faisait* le vendeur. Peu importait ce que j'avais fait ou ce que j'allais faire ; ce qui comptait, c'était qui j'avais été lorsque je faisais le médecin, et qui je serais lorsque je deviendrais directeur de l'Emporio Armani de Paris.

Comprendre qu'il est absurde de s'identifier à ce que l'on fait m'a ouvert les portes de la vraie liberté. Je rencontre tant de gens qui ont l'impression de ne plus exister s'ils doivent cesser de faire ce qu'ils ont toujours fait. Certains en tombent malades ou en meurent. Comme c'est dommage. Car, quelle que soit l'activité, sociale ou professionnelle, à laquelle on se consacre, il est évident que l'on *est* plus que cela. Il y a en nous un immense potentiel largement inexploité, des qualités et des aptitudes non manifestées. Jusque-là, je m'étais enfermé de façon obsessionnelle dans un seul projet, j'avais adopté un seul mode de fonctionnement, je me valorisais d'une seule façon. Si j'acceptais de me remettre en question, je pouvais embrasser des projets différents, fonctionner autrement et obtenir de nouvelles gratifications. Un bon roman comporte plusieurs chapitres et de nombreux rebondissements. Or qu'est-ce que vivre, sinon écrire son roman personnel ? J'avais fait chirurgien et vendeur ; je pouvais donc faire directeur de magasin. Je compris que, au travers de ces différentes actions, je n'étais qu'un être humain en train de chercher son chemin. Un chemin qui conduisait – je l'espérais sans pouvoir encore le formuler clairement – au centre du Soi.

*

Mon expérience au sein de la société Armani ne m'apprit pas seulement à ne plus m'identifier à ce que je faisais ; elle me permit aussi de comprendre que le véritable pouvoir ne peut s'exercer qu'à l'intérieur de soi.

J'avais voulu devenir le chef d'un service hospitalier. J'étais devenu le directeur d'un grand magasin de produits de luxe. La tâche était ardue : en plus de diriger une équipe d'une vingtaine de vendeurs, je devais collaborer avec le service de presse, le département financier, un restaurant intégré au magasin de Saint-Germain, les équipes de marketing et de marchandising, sans compter la responsabilité de préparer la commande des vêtements de la collection une saison à l'avance. Du matin au soir, je réglais une succession de problèmes sous le contrôle inquisiteur de la direction milanaise, à laquelle je devais rendre des comptes en permanence. Pour un perfectionniste en mal de reconnaissance, l'enjeu était de taille. Le stress qu'il générait en moi devint très vite insupportable. De plus, obligé de ne tenir compte que d'impératifs financiers, je n'avais pratiquement aucune marge de manœuvre pour aider les employés dans les nombreuses difficultés qu'ils rencontraient. J'en éprouvais une grande frustration. Je commençai donc à me rebeller et, habitué à imposer ce que je voulais avec arrogance, créai de multiples résistances. Je l'ai dit : la logique égotique est tragique et pathétique. Au bout de cinq mois, je me trouvais dans le même état psychologique qu'au cours des dernières semaines de mon activité en tant que chirurgien. J'étais tendu, susceptible, irascible ; je dénonçais, j'accusais, je condamnais ; je me sentais fatigué, découragé, désespéré. J'étais à nouveau au bord du gouffre.

C'est Giuseppe Brusone qui m'empêcha d'y tomber. En décidant de me licencier, il me protégea contre moi-même. « Vous n'avez pas la culture de notre entreprise », me dit-il poliment. Selon lui, les qualités pour lesquelles il m'avait engagé étaient devenues des défauts. J'étais trop précis, trop rigoureux, trop rigide. Il aurait pu ajouter : trop impatient, trop autoritaire, trop arrogant, pas assez confiant, pas assez humble, pas assez conciliant. En fait, j'étais simplement, une fois de plus, la victime de mes peurs et de mes défenses égotiques. Mon licenciement me plongea dans un véritable état de choc. J'avais l'impression que tout ce que j'avais échafaudé s'écroulait. Et cette fois, contrairement à ce qui s'était produit lors de ma démission de l'hôpital, ce n'était pas moi qui avais décidé de provoquer le cataclysme. J'eus beaucoup de mal à accepter l'impuissance à laquelle me condamnaient les circonstances. Le sentiment d'impuissance est un poison. Lorsqu'il se transforme en résignation, il devient une cause de dépression et – je l'ai constaté par la suite chez de nombreux patients – la source de diverses maladies. Heureusement, ma peur de la précarité me fit réagir en défendant mes intérêts : je me battis pour obtenir une indemnité de départ à la hauteur des espoirs que j'avais en venant travailler à Paris.

C'était la première fois de ma vie que je négociais de l'argent. Jusqu'alors, je ne m'étais jamais soucié des questions financières. En tant que médecin des hôpitaux universitaires, j'étais salarié ; cela me dispensait d'attribuer une valeur pécuniaire à mon travail. L'argent était une énergie trop matérielle pour quelqu'un comme moi, qui avais passé mon temps à me réfugier dans les sphères de la pensée. Je ne savais pas comment l'apprivoiser ; je préférais réduire mes besoins plutôt que d'avoir à me préoccuper de la valeur monétaire de mon savoir et de mon savoir-faire. Quant à réclamer une indemnité de licenciement, cela me paraissait tout simplement inimaginable. Pourtant, je l'ai fait. Et j'ai obtenu une somme assez importante, puisqu'elle m'a permis de vivre durant une année à Paris, dans mon appartement de la rue des Capucines, sans avoir à travailler.

Je me souviens d'une matinée d'août 1998, peu de temps après mon licenciement, où, passant devant la pyramide du Louvre, je me dis que j'avais beaucoup de chance. À cet instant précis, je pris conscience que je n'avais plus d'excuse pour continuer ma fuite en avant. J'avais de l'argent. Je pouvais prendre du temps et créer de l'espace afin de comprendre ce qui était en train de se jouer dans ma vie. C'était la meilleure façon d'utiliser mon indemnité de licenciement. La somme était suffisante pour acheter un petit appartement ; cela m'aurait permis d'assurer mon avenir matériel. Pourtant, il me parut évident que la seule sécurité à rechercher était en moi. Jusqu'alors, j'avais tenté d'exercer un pouvoir en dehors de moi, en développant des aptitudes intellectuelles, en affichant ma compétence professionnelle et en aidant les gens dans la souffrance, ce qui revenait chaque fois à dominer autrui. Je compris que le véritable pouvoir ne réside pas dans la domination, mais plutôt dans la maîtrise, c'est-à-dire dans la compréhension de soi.

C'est alors que j'ai commencé à tenir un journal. La première promesse que j'y consignai fut de ne pas travailler de nouveau pour un salaire tant qu'il resterait de l'argent sur mon compte en banque. J'estime que c'est la plus sage décision que j'aie prise à ce jour. Je demeurai à Paris, car je n'avais pas envie d'affronter le jugement réprobateur de mes amis bruxellois ; je n'étais pas disposé non plus à apaiser les peurs de ma famille. Heureusement, je pouvais toujours compter sur l'appui inconditionnel de François. Nous vivions séparés la semaine, lui à Bruxelles, moi à Paris ; nous nous voyions le week-end. Mais je n'étais pas très disponible tant je vivais replié sur moi-même. Les douze mois que dura cette sorte de retraite furent les plus difficiles de mon existence, et en même temps les plus beaux. Je ne pense pas cela seulement *a posteriori*, en interprétant la réalité à la lumière de ce qui s'est produit par la suite. Déjà pendant cette formidable expérience, j'écrivais dans mon journal que ce que j'étais en train de vivre était merveilleux. Je m'éveillais à la vie. J'avais le sentiment de vivre l'adolescence que je ne m'étais pas permise. Je renouais avec l'égyptologie, la philosophie, l'étude des religions, l'histoire de l'art, tout ce qui m'avait tant passionné dans le passé. Je me lançai dans l'écriture d'un nouveau roman dont l'action se situait en Égypte au XXe siècle et dont le personnage principal – un jeune archéologue – me ressemblait étrangement.

L'écriture de ce second roman fut un exutoire, une véritable thérapie. Ce fut aussi un bon moyen de rester discipliné. En bon perfectionniste, j'ai toujours eu besoin de mener une vie régulière, ponctuée par des rituels. Cela me rassure. Je crois que, dans cette période particulière de ma vie, cela m'a évité de me perdre. Je me levais tous les matins à la même heure, j'écrivais jusqu'à la mi-journée, puis j'allais me promener sur les quais de la Seine. Je m'arrêtais dans les jardins du Palais-Royal ou aux Tuileries. Plus rarement, je me rendais jusqu'au parc André-Citroën. J'allais m'allonger sur le sol de l'église Saint-Gervais, derrière l'Hôtel de Ville. Je buvais un thé au café Beaubourg, à côté du centre Pompidou, ou au café Marly, face à la pyramide du Louvre. Je passais beaucoup de temps devant cette pyramide. Sans réellement m'en apercevoir, je méditais. Je goûtais pleinement l'instant présent. Tous mes sens étaient en éveil. Je redécouvrais le parfum des fleurs, la lumière du ciel, la douceur de l'air. Je percevais les bruits, les couleurs et les odeurs avec une intensité nouvelle, plus forte, plus précise. J'éprouvais des émotions oubliées. J'avais passé tant d'années reclus dans ma chambre d'enfant à lire des livres. Tant d'années sur les bancs de l'université, puis dans les couloirs des hôpitaux et dans les blocs opératoires, où je ne voyais jamais la lumière du jour.

Résumer cette retraite parisienne à une succession d'expériences extatiques serait mensonger. En dehors de ces moments de félicité, j'ai connu de nombreuses phases de doute et de rumination. J'éprouvais aussi une certaine angoisse à propos de mon projet d'écriture, dont j'espérais qu'il deviendrait un succès. J'avais beau apprécier de plus en plus souvent le bonheur de vivre l'instant présent, je ne pouvais pas m'empêcher de me projeter dans l'avenir en m'imaginant comme un auteur apprécié et reconnu. Je n'étais donc pas complètement guéri ; mon Ego avait encore besoin d'être rassuré. Revenir à Soi est une aventure qui demande du temps. Un chemin qui ne peut être parcouru en brûlant les étapes.

*

« Un homme ne va jamais aussi loin que lorsqu'il ne sait pas où il va. » Cette citation attribuée à Christophe Colomb est imprimée sur une carte postale que j'ai trouvée dans une petite librairie à l'entrée du Palais-Royal. C'était quelques mois après avoir été licencié. Je ne savais absolument pas où j'allais, mais je continuais d'avancer, un jour après l'autre, dans la discipline de l'écriture, tout en goûtant le plaisir de renouer avec la vie. Au fond de moi, au-delà de mes doutes et de mes angoisses, je savais que j'étais sur le bon chemin. Un sentiment de joie me l'indiquait. C'était une intuition qu'aucun raisonnement n'aurait pu fonder. Depuis le 5 janvier 1998, j'avais appris à reconnaître cette information très particulière qui nous est donnée lorsque, malgré le trouble et l'agitation mentale, le corps reste calme. Comme si une sagesse plus profonde que celle de notre intellect, d'instinct, permettait de discerner ce qui est réellement bon ou mauvais pour nous. En lisant les mots de Colomb, j'ai compris que j'avais raison de rester fidèle à mon intuition. Si Colomb n'avait pas écouté la sienne, il n'aurait sans doute pas pris la mer vers l'ouest ; il aurait rallié les Indes en suivant la route de Vasco de Gama, contournant l'Afrique. Jamais il n'aurait posé le pied en Amérique. Le message de Colomb me parut d'autant plus fort qu'il avait découvert des territoires inconnus jusqu'alors. J'ai collé la carte postale dans mon journal et, juste au-dessous, j'ai écrit : « Lorsque nous acceptons de suivre notre intuition et de partir vers l'inconnu, nous découvrons bien plus que ce que nous espérions, nous allons au-delà de ce que nous appelons Moi, nous découvrons un nouveau continent qui s'appelle Soi. »

J'aurais également pu écrire : « Lorsque nous abandonnons nos peurs et nos défenses et osons faire confiance, nous découvrons la paix qui donne accès à notre Essence. » Je me suis longtemps demandé si cette Essence était réellement ce que nous sommes profondément, ou bien simplement la partie de nous à laquelle nous aimons le plus volontiers nous identifier. Considérer qu'il existe une partie profonde et essentielle semble sous-entendre que l'autre partie, que j'appelle l'« Ego » ou le « Moi », ne serait pas vraiment importante, qu'elle serait toujours plus superficielle. Je crois qu'il est dangereux de recourir à une description aussi manichéenne de notre psyché. En tant que réponse à nos peurs, l'Ego est une construction absolument indispensable à notre survie. À condition toutefois qu'il ne dirige pas nos comportements dans le seul but de se renforcer, et que nous puissions le mettre au service de ce qui nous est le plus vital. C'est par Ego que je suis devenu perfectionniste et discipliné. Il serait dommage de renier ces aptitudes qui caractérisent ma personnalité, car, lorsque je les utilise pour promouvoir ce qui me paraît essentiel, elles représentent de formidables atouts qui me permettent d'aller au bout de mes projets. En revanche, lorsque je les utilise pour répondre à mes besoins névrotiques, je ne fais qu'alimenter une logique égotique qui m'empêche de m'occuper de l'essentiel.

Mais qu'est-ce qui est essentiel ? Manger pour se nourrir, boire pour se désaltérer, dormir pour se reposer, avoir du temps pour se ressourcer, de l'espace pour bouger, de la chaleur pour se réchauffer, des liens avec d'autres humains pour se sentir en sécurité, pour aimer et être aimé. Vivre simplement, doucement, gentiment, sans autres craintes que celles justifiées par de réels dangers, en faisant confiance à soi, aux autres et à la vie, dans le respect de soi, des autres et de la vie. Voilà ce que j'ai entrevu durant cette année de retraite à Paris.

Il paraît évident que bon nombre d'entre nous préfèrent s'identifier à la partie d'eux-mêmes qui correspond à cet état d'être confiant et apaisé que j'appelle « Essence » ou « Soi ». Même si, ne nous leurrons pas, certaines personnes particulièrement blessées et apeurées ne sont pas capables d'imaginer une telle réalité. Elles ne connaissent d'autre logique que celle de leur Ego névrotique. Elles mangent pour combler des manques, boivent pour calmer une souffrance, dorment pour fuir la réalité, remplissent leur existence d'un tas d'occupations inutiles et ne trouvent jamais le temps de se ressourcer, s'encombrent d'un tas de biens loin d'être indispensables et n'ont plus d'espace pour bouger, sont incapables d'entretenir des rapports humains chaleureux et, de ce fait, ne se sentent jamais en sécurité. Elles ne vivent ni simplement, ni doucement, ni gentiment. Elles ont peur pour des raisons très souvent injustifiées. Elles n'ont confiance ni en elles-mêmes, ni dans les autres, ni dans la vie. Elles ne respectent pas ce qui est essentiel pour elles-mêmes, pour les autres et pour la vie.

J'étais l'une de ces personnes déconnectées de leur Essence. Heureusement, ma déconnexion n'était pas complète. En effet, au cours des derniers mois de ma pratique chirurgicale, alors que j'étais sous l'emprise de mon Ego, je disais souvent que je ne me reconnaissais pas. J'avais l'impression d'une sorte de dédoublement ; j'étais en désaccord profond avec l'impatience, l'exigence et l'arrogance que je manifestais alors ; je n'avais pas envie de m'identifier au personnage absolument détestable qui avait pris le contrôle de ma vie, et encore moins d'être identifié à lui. J'avais le sentiment de vivre à la superficie de moi-même, que je ne pourrais jamais être quelqu'un d'autre. Pourtant, il y avait en moi de nombreuses qualités peu ou mal exploitées ; il y avait une lumière cachée derrière beaucoup d'ombre. Comme cela arrive souvent, ce sont les autres qui m'ont montré cette lumière. Moi, je ne la voyais plus.

Au mois de juin 1999, je décidai de retourner vivre à Bruxelles. En un an, mes réserves financières avaient fondu comme neige au soleil, et il était temps que je pense à trouver un travail. Surtout, il fallait que je prenne soin de ma relation de couple. À force de vivre de mon côté des expériences intérieures très fortes, un fossé s'était creusé entre François et moi.

À peine rentré en Belgique, je fus sollicité par une amie qui souhaitait que je rencontre son mari, atteint d'un cancer au stade terminal. Je lui répondis que je ne voulais plus pratiquer la médecine. J'envisageais alors de chercher un emploi dans une boulangerie ou dans une librairie – j'ai toujours pensé que vendre du pain ou des livres comptait parmi les activités commerciales les plus nobles. Mon amie insista : elle avait constaté une profonde transformation chez moi, et elle était convaincue que j'avais les moyens d'aider son mari à accepter ce qui lui arrivait. Je ne pouvais rester sourd à cet appel à l'aide. De plus, je dois bien avouer avoir été rassuré par le fait que l'on s'intéresse à moi malgré l'abandon de ma carrière chirurgicale, la perte de mon emploi dans la mode et une année d'absence. Car, même si je ne voulais plus m'identifier à mes actions, je continuais à me préoccuper du jugement d'autrui à propos de ce que je faisais. Je finis par accepter d'appeler le mari de mon amie afin de m'entretenir avec lui de sa situation et de lui tendre une main compatissante sans lui imposer de la saisir.

L'homme me demanda si je croyais en Dieu. Je lui répondis que j'avais grandi dans une famille catholique mais que, très tôt, je m'étais rebellé contre l'idée selon laquelle il existerait un Dieu personnel. À l'âge de dix ans, je m'étais insurgé contre les divisions et les combats qui opposent entre elles les différentes religions monothéistes ; j'avais tenté de convaincre mon grand-père paternel, un homme très religieux, que, si Dieu avait créé tout ce qui existe, Il était tout ce qui existe, que si tout ce qui existe pouvait être assimilé à la vie, alors Dieu était la vie, et que donc, au lieu d'adorer un dieu, fût-il Dieu, il valait mieux vénérer la vie. À dix-sept ans, alors que je traversais un profond questionnement métaphysique à la suite du décès de mon ami et cousin Denis, qui s'était tué dans un accident de moto, j'avais fait un rêve bouleversant dans lequel je m'étais vu debout sous la voûte d'une cathédrale gothique d'où jaillissaient un rayon de lumière blanche et un doigt pointé dans ma direction, tandis qu'une voix déclarait sur un ton vibrant : « Dieu est en toi. »

J'expliquai donc au mari de mon amie que, pour moi, Dieu est en soi, Dieu est le Soi – cette partie de nous-mêmes qui est extrêmement vivante parce qu'elle est le principe même de ce qui fait la vie. Je lui dis aussi que j'avais le sentiment que, dans nos sociétés contemporaines, la plupart des gens sont déconnectés du Soi et, de ce fait, ne sont plus assez vivants. Je me permis même d'ajouter que cette déconnexion est peut-être à l'origine de certaines maladies, dont le cancer – en prenant toutefois la précaution de préciser qu'il ne fallait pas entendre dans mes propos la moindre tentative de culpabilisation. La déconnexion du Soi se produit en réponse à des peurs non conscientisées qui nous font adopter toutes sortes de comportements nocifs pour nous-mêmes et pour les autres. Elle dépasse la vie personnelle des individus et s'étend à l'ensemble de l'organisation collective que nous appelons la civilisation. De ce point de vue, la civilisation occidentale est particulièrement propice à la déconnexion du Soi. Le postulat philosophique sur lequel elle s'est construite place l'être humain en dehors et au-dessus de la nature, considérée comme une ennemie. La conséquence est un renforcement des peurs individuelles et collectives et, de ce fait, la valorisation de toutes sortes de réflexes égotiques. Nous sommes devenus narcissiques et individualistes. Nous vivons à la superficie de nous-mêmes, déconnectés de l'essentiel. Nous produisons trop, consommons plus que nécessaire, engendrons des pollutions toxiques, adoptons des modes de vie pathogènes et nous imposons un stress délétère pour notre santé.

Après avoir écouté mon discours avec intérêt, l'homme me demanda comment faire pour sortir du piège que je venais de décrire. Je lui répondis que, au stade où en était ma compréhension de moi-même et de la vie, je ne voyais pas d'autre solution que d'entreprendre un travail destiné à augmenter notre niveau de conscience. Cela me paraissait tout à fait fondamental, en particulier pour les personnes confrontées au cancer. En effet, un examen attentif de cette maladie souligne à quel point il s'agit d'un processus vivant : des cellules retrouvent leurs propriétés embryonnaires, se multiplient avec une vitalité extraordinaire et prolifèrent jusqu'à occuper tout l'espace où elles sont nées. Ma réflexion m'avait amené à considérer le cancer comme la manifestation d'une pulsion de vie mal contrôlée, un débordement anormal de vitalité qui survient dans un contexte caractérisé par une perte de connexion avec les principes essentiels qui font la vie, au niveau tant individuel que collectif. Si ma « théorie » se confirmait, il me paraissait difficile de prévenir ou de guérir le cancer sans se reconnecter à ces principes vitaux. Quitter le mode de survie de notre Moi égotique pour laisser notre Soi essentiel remettre de la vie dans notre existence.

Cette idée lui plut. Toutefois, il me fit remarquer que, dans son cas, elle n'avait plus beaucoup d'intérêt puisque, malheureusement, son cancer était trop avancé pour qu'il puisse espérer une quelconque amélioration de son état de santé. J'objectai que, même si la guérison de sa maladie ne semblait pas possible, le fait d'accroître son niveau de conscience lui permettrait de développer une meilleure compréhension du mystère de la vie. Ce serait certainement une façon de donner un sens plus vaste et plus profond à son existence. L'homme me remercia pour le temps que nous avions passé à converser ; il m'avoua ne pas être prêt à emprunter le chemin que je lui proposais de parcourir ; nous nous quittâmes sans nous promettre de nous rappeler.

En raccrochant, je savais que, tôt ou tard, nous continuerions notre conversation. C'est effectivement ce qui se passa. Lorsque j'y repense, j'éprouve une immense gratitude envers cet homme. En me demandant de l'accompagner dans son travail de conscience, il m'a offert la possibilité de partager ce que je venais de découvrir à travers ma propre expérience. Il m'a permis de mettre des mots sur mes intuitions, de constater la justesse de mon discours et de prendre confiance dans ma capacité à aider autrui d'une tout autre manière que je l'avais fait jusqu'alors. En quelques jours, le mari de mon amie parcourut plus de chemin vers lui-même qu'en soixante années d'existence. Il prit conscience de ses peurs et de ses défenses, se pardonna d'avoir laissé son Ego prendre le contrôle de son existence et réussit à exprimer la vérité de son Essence. Il se réconcilia avec certaines personnes dont il s'était éloigné depuis très longtemps, parvint à la conclusion que son existence avait eu du sens, et partit serein, en laissant beaucoup de paix derrière lui. Il a, de mon point de vue, réussi sa vie.

À partir de ce moment, le cours de ma propre existence subit une étonnante accélération. Des gens venaient vers moi pour me parler de leurs difficultés. Je les écoutais, les questionnais et leur parlais avec la même intransigeance bienveillante que j'avais envers moi-même lorsque j'écrivais dans mon journal. Cela me fut d'autant plus facile que, à la même époque, je commençai à fréquenter une école aux États-Unis dans laquelle j'apprenais à observer la réalité avec plus d'objectivité et de compassion.

*

La première fois que j'entendis parler de la Barbara Brennan School of Healing, ce fut au printemps 1999. J'habitais encore à Paris, mais je passais de plus en plus souvent mes week-ends à Bruxelles. Lors d'un de ces week-ends, je rencontrai un ami parisien dans un restaurant de la place du Grand Sablon. Il y dînait en compagnie d'un couple de Bruxellois que je ne connaissais pas – un diamantaire et son épouse. Au moment des présentations, cette dernière prit ma main droite dans la sienne. « Vous allez écrire un livre », déclara-t-elle. À l'époque, j'étais plongé dans ma seconde tentative littéraire, celle qui racontait les aventures d'un jeune archéologue en Égypte. Ravie d'avoir tapé dans le mille, la femme ajouta que j'allais soigner avec mes mains. Je l'informai que j'avais pratiqué la chirurgie durant plus de dix ans. Elle se dit convaincue qu'il ne s'agissait pas de cela. Agacé par son assurance intrusive, bien qu'elle fût par ailleurs très sympathique, je saluai mon ami et sa compagnie et partis retrouver les personnes avec lesquelles j'avais rendez-vous pour dîner.

Une semaine plus tard, dans la boutique d'un antiquaire du Grand Sablon, je tombai nez à nez avec cette femme. Nous échangeâmes quelques mots et je lui avouai combien son attitude lors de notre première rencontre m'avait irrité. Elle m'expliqua qu'elle avait parfois des « visions » qui la trompaient rarement. Intrigué, je la priai de poursuivre. La jeune femme me raconta que sa mère – Guillemette, une ancienne expatriée du Congo belge installée sur l'île d'Ibiza – suivait des cours dans une école américaine où une ex-physicienne de la NASA devenue guérisseuse enseignait la façon de développer ce qu'elle appelait un « sens élevé de perception ».

Je n'en crus pas mes oreilles. Moins d'un mois auparavant, j'avais lu *Le Pouvoir bénéfique des mains*, un livre écrit par Barbara Brennan, ex-physicienne de la NASA. L'ouvrage m'avait passionné. Son auteur, influencée par une culture scientifique qui m'était familière, y abordait d'une façon précise et structurée des concepts que l'on pourrait qualifier d'ésotériques. Ma curiosité d'adolescent m'avait amené à m'intéresser à certaines notions comme l'aura ou les chakras, mais jamais je n'avais pu rattacher ces concepts étranges à des expériences concrètes. Dans un langage dépouillé, Brennan expliquait que de telles expériences peuvent être vécues dans notre propre corps ou à travers nos relations avec notre environnement ; il suffisait, d'après elle, d'accroître notre niveau de conscience et, par la même occasion, de développer notre sensibilité. C'était fascinant. La lecture de ce livre avait produit en moi un véritable électrochoc. Mais j'ignorais totalement qu'il existait une école où l'on pouvait explorer ces aspects inhabituels de la réalité.

J'entrai en relation avec Guillemette, qui me fournit toutes sortes de renseignements sur l'école de Brennan. Le programme de formation semblait bien construit : quatre années de cours et d'ateliers pratiques à raison de sept jours toutes les six semaines. L'objectif proposé était de comprendre comment nos peurs et nos défenses empêchent notre énergie de se manifester librement, avec la promesse d'apprendre à maîtriser cette énergie, notamment à des fins psychothérapeutiques, pour favoriser la mise en place d'un processus de *healing* – c'est-à-dire une « guérison » dont les effets, à défaut de se traduire sur le plan physique, provoquent toujours une profonde transformation psychologique et spirituelle. Cela me paraissait être un bon moyen de répondre aux questions que je me posais. Malheureusement, lorsque je découvris le montant des droits d'inscription réclamés par l'école, j'abandonnai tout espoir de la rejoindre un jour. Avec mes réserves financières qui diminuaient, les frais liés aux nombreux voyages qu'il me faudrait effectuer entre l'Europe et les États-Unis compromettaient lourdement la réalisation d'un tel projet.

Pourtant, moins de six mois plus tard, je suivais mon premier cours à la Barbara Brennan School of Healing. J'éprouve ici quelque scrupule à raconter l'enchaînement des circonstances qui m'ont finalement amené à m'inscrire dans cette école. Leur caractère quasi magique pourrait me faire passer pour un fabulateur. Toutefois, si je faisais l'impasse sur cette succession d'événements, je ne pourrais pas expliquer comment je me suis retrouvé embarqué dans cette aventure américaine. De plus, je ne pourrais pas justifier l'un des aspects fondamentaux de ma compréhension de la vie, sur lequel j'aurai l'occasion de revenir longuement au cours de ces *Confidences*.

Le fait est que, au mois de juin 1999, alors que je préparais mon déménagement à Bruxelles, je retrouvai les documents d'information que Guillemette m'avait envoyés. Bien que convaincu de ne jamais pouvoir m'inscrire à l'école de Brennan, je ne pus me résoudre à m'en débarrasser. Dès mon arrivée en Belgique, je proposai à l'un de mes amis d'essayer d'obtenir un rendez-vous avec Barbara Brennan concernant un problème de santé qui le préoccupait depuis plusieurs années. Secrètement, j'espérais pouvoir l'accompagner afin de me faire ma propre opinion sur le travail de Brennan. Le projet tomba à l'eau et je finis par l'oublier… jusqu'au 12 août suivant, où je rencontrai une voyante qui me demanda pour quelle raison je me rendais si souvent aux États-Unis. Je lui répondis que je n'avais même pas l'argent pour acheter un billet d'avion. Elle m'assura qu'elle me voyait partir aux États-Unis dans une école qui, dit-elle, était faite pour moi. Elle ajouta que j'écrirais un livre, que je serais invité à la radio et à la télévision et que je deviendrais une personne connue. Sur le moment, tout cela me parut totalement improbable. Puis, en y repensant, j'eus envie d'y croire. L'idée qu'il existait aux États-Unis une école faite pour moi me convenait parfaitement. Peut-être cette voyante avait-elle « vu » mes espoirs non conscientisés. En tout cas, pour l'heure, je devais m'avouer que ces prédictions me révélaient un de mes désirs : celui de m'inscrire à la Barbara Brennan School of Healing. Mon but n'était pas d'y apprendre un métier. Je ne me projetais pas dans le futur. J'avais simplement envie de trouver un endroit où je pourrais approfondir ma réflexion.

Me tourner vers des voyants ou médiums n'était pas dans mes habitudes. Cela ne m'était plus arrivé depuis que, vers l'âge de dix-huit ans, à la suite du décès de Denis, j'en avais consulté plusieurs dans l'espoir d'obtenir la preuve de l'existence d'une vie après la mort. Certaines révélations m'avaient fortement impressionné et auraient pu me faire croire en l'immortalité de la conscience. Néanmoins, mon refus de me contenter de croyances m'avait incité à rester dans le doute et à envisager d'autres hypothèses pour expliquer ce que j'avais expérimenté auprès de ces devins. L'une d'entre elles était que chaque être humain véhicule une multitude d'informations, conscientisées ou non, qui peuvent être perçues par certaines personnes particulièrement sensibles. C'est avec une telle idée en tête que, le 12 août 1999, j'étais allé voir cette voyante. J'avais beau avoir appris à apprécier l'apaisement de vivre le moment présent, mon récent retour à Bruxelles me confrontait à l'angoisse de ne pas savoir quelle direction donner à mon existence. En ce sens, ma rencontre avec cette voyante fut bénéfique : elle me décida à écouter mon désir profond et, comme je l'avais fait le 5 janvier 1998, à oser suivre mon intuition, sans peur.

C'est ainsi que je m'inscrivis à l'école de Brennan, sans trop savoir comment je financerais mon projet. Je venais de vendre ma voiture, ce qui me procurait une petite somme. Je m'apprêtais à trouver un travail dans une boulangerie. Et j'étais heureux car je sentais que mon choix était juste. Je retrouvais la délicieuse sensation que j'avais connue juste après avoir abandonné la chirurgie. J'avais confiance. Tout me paraissait possible, même l'impossible. Et l'impossible se produisit, sans que j'aie pu l'imaginer.

Chaque fois que je repense à ce petit miracle, je me demande quelle part non consciente de moi-même a pu le provoquer. Qu'ai-je dit ou fait pour qu'Émile, le père de Denis, en vienne à me proposer de financer mes quatre années de formation au sein de la Barbara Brennan School of Healing ? Quelle manipulation inconsciente ai-je mise en place pour recevoir un tel cadeau ? En fait, sans vouloir me dédouaner de toute intention de manipulation, je crois que ce qui s'est produit est la conséquence d'une fidélité amicale qui remonte à ma rencontre avec Denis.

J'avais seize ans, lui dix-sept ; je vivais à Bruxelles, lui à Maisons-Laffitte, dans la banlieue parisienne ; nous étions cousins, mais nous ne nous étions jamais rencontrés ; nous voulions tous les deux devenir chirurgiens ; nous étions curieux et tentions de comprendre l'esprit des choses. Son décès survint un an après notre rencontre. Je restai très proche de ses parents, jusqu'au jour où je décidai d'assumer mon homosexualité. Je mis alors de la distance dans nos rapports, car je ne voulais ni affronter leur jugement, ni avoir à justifier mon choix, et encore moins me fâcher avec eux. Cela ne diminuait en rien l'affection que je leur portais. J'acceptais que l'on n'approuve pas mon comportement, mais je ne pouvais pas renier ce que j'étais pour répondre aux attentes d'autrui.

Dix ans plus tard, quelques jours avant que je ne perde mon emploi chez Armani, Yvette, la mère de Denis, décéda. N'ayant pas pu assister à ses funérailles, j'écrivis une lettre à son mari, Émile. Cela nous conduisit à nous revoir, puis à nous écrire à nouveau. J'étais content d'avoir renoué ce lien. C'était une façon de faire revivre un passé qui, pour moi, malgré des moments douloureux, avait été heureux.

Émile était l'une des premières personnes à qui je voulais annoncer la bonne nouvelle de mon inscription à l'école de Brennan. Je savais qu'il approuverait ce projet car, je m'en étais aperçu à travers nos récents échanges, nous partagions – comme avec Denis – la même quête de spiritualité. Ce que je n'avais pas du tout imaginé, c'est qu'en apprenant mon engagement dans cette nouvelle voie il souhaiterait m'aider à la parcourir dans les meilleures conditions possible. Tout comme il l'aurait très certainement fait pour son fils Denis.

Il y a des boucles qui mettent longtemps à se boucler. Mais peu importe le temps. Si l'on est un peu attentif aux détails de l'existence, on se rend compte que ce qui a été acté dans le passé finit toujours par exercer une influence sur notre existence ou sur celle de notre descendance. Il y a des causes et des effets. D'une manière ou d'une autre, nous récoltons ce que nous avons semé.

*

Quelques jours avant le début des cours, je faillis renoncer à partir. Un article du *Point* sur les dérives sectaires déclencha une véritable crise en moi. L'école de Barbara Brennan, sous ses apparences rassurantes, n'était-elle pas en réalité une secte ? N'étais-je pas en train de m'embarquer dans une aventure des plus périlleuses ? En examinant les caractéristiques de cette école avec un peu de suspicion, je trouvais qu'elles s'apparentaient aux critères définissant les organisations sectaires : un système de croyance en dehors du courant dominant, un vocabulaire spécifique, un programme d'enseignement que je pouvais comparer à un endoctrinement, l'obligation de verser des sommes d'argent assez importantes pour devenir membre du groupe… Quelques heures passées à relire et à écrire mon journal me permirent de prendre conscience du fait que, en réalité, mes craintes étaient avant tout liées au jugement que mon entourage risquait de porter sur ma démarche. Une fois de plus, j'avais peur du rejet et de l'exclusion. L'idée d'être considéré comme l'adepte d'une secte provoquait en moi la peur panique et complètement irrationnelle d'être raillé, violenté, voire tué.

Peu de temps auparavant, une troublante expérience m'avait fait comprendre à quel point cette peur était ancrée en moi. J'avais consulté une kinésiologue.

J'ignorais totalement ce qu'était la kinésiologie mais, étant d'une nature curieuse, j'avais pris rendez-vous avec cette praticienne que l'on m'avait dite capable de détecter dans les tensions du corps les résistances, les croyances et les « mémoires » engrammées tout au long de notre histoire personnelle, voire bien avant, dans l'histoire de nos ancêtres et durant nos vies antérieures. Personnellement, je n'avais aucune croyance particulière au sujet des vies antérieures. Je n'en ai d'ailleurs pas davantage aujourd'hui. Peu m'importe de savoir si j'ai vécu une vie avant celle-ci ou si j'en vivrai une autre après, sur cette Terre ou dans un hypothétique Au-delà ; la seule chose qui compte pour moi, c'est ce que je suis en train de vivre dans le temps présent. J'accepte parfaitement l'idée de ma propre finitude. Elle donne à ma vie une intensité que pour rien au monde je ne voudrais échanger contre la promesse de pouvoir m'accomplir dans d'autres lieux et d'autres temps. Elle m'oblige à assumer la responsabilité de faire de chaque instant une opportunité d'exprimer le meilleur de moi-même, dans le plus grand respect de la vie. Disons plutôt : dans le plus grand respect de ce que je crois avoir compris de la vie.

Mais rejoignons le cabinet de la kinésiologue. Au cours de la séance, elle me proposa une « remontée dans les vies antérieures ». L'expérience avait quelque chose d'hypnotisant. Elle consistait d'ailleurs dans une sorte de séance d'hypnose, enrobée d'un rituel au cours duquel la praticienne testait la tonicité des muscles de mes bras, tout en me demandant de décrire les images qui apparaissaient dans mon esprit au moment où, d'après elle, nous étions parvenus à réveiller la mémoire d'une de mes vies passées. Cela se produisit à trois reprises et, chaque fois, je pus décrire avec précision une scène qui se déroulait dans un lointain passé. Tout d'abord en Égypte, dans une période troublée que j'identifiai comme étant celle du pharaon Akhénaton, où le prêtre que j'étais venait d'être assassiné pour avoir voulu imposer une vérité qui n'était pas admise par la majorité. Puis en Angleterre, sous le règne d'Élisabeth Ire, où j'avais été décapité en tant qu'opposant à certaines idées religieuses. Enfin dans une campagne très pauvre de la France du XVIIe siècle, où, parce qu'elle avait renié ses pouvoirs de guérison de crainte d'être brûlée comme une sorcière, la vieille femme que j'étais avait fini sa vie seule, abandonnée par ceux qui lui avaient fait confiance. Chacune de ces « visions » fut accompagnée d'émotions si fortes qu'elles me firent pleurer.

Je compris alors que ces vies passées racontaient mon histoire présente. L'Antiquité égyptienne et la période élisabéthaine avaient été deux passions de mon enfance ; mon assassinat pour avoir voulu imposer ma vérité ressemblait furieusement à l'opposition que j'avais rencontrée au sein du département d'urologie de l'université de Bruxelles, et ma décapitation pour avoir conspiré contre le pouvoir à mon licenciement de la société Armani ; quant au reniement de mes capacités de guérison par peur du bûcher, j'y lus ma tendance à discréditer mes intuitions thérapeutiques par les arguments de la raison au lieu d'assumer ma sensibilité en la mettant au service de ma fonction de soignant. L'enchaînement de ces trois vies antérieures était comme un message d'une clarté confondante : si je voulais rester en vie, il fallait que j'apprenne à ne plus me faire tuer en voulant imposer ma vérité par la force, et à ne plus me tuer moi-même en reniant ce qui fait ma spécificité ou en cachant ce qui contribue à ma singularité. Pourquoi faire la guerre si l'on veut obtenir la paix ? Pourquoi faire peur si l'on veut être compris et accepté ? Ainsi, malgré le fait que je ne croyais pas en l'existence de vies antérieures, cette surprenante expérience kinésiologique m'offrit l'accès à une profonde sagesse dont j'essaie désormais de m'inspirer jour après jour dans mon travail d'écriture, dans mes conférences et dans toutes les occasions qui me sont données de partager ce que je crois être la vérité.

La peur d'être brûlé comme un sorcier, dont je pris conscience au cours de cette remontée dans les « souvenirs » de mon passé, correspondait exactement à la panique que j'éprouvai avant de partir pour l'école de Barbara Brennan. Le comprendre me permit de relativiser l'argumentation suspicieuse que je venais d'échafauder. Je pus alors me laisser de nouveau gagner par l'élan de mon intuition de départ. Au fond de moi, je savais que j'avais suffisamment de discernement pour ne pas tomber dans les pièges de n'importe quelle institution, même sectaire. C'est donc l'esprit apaisé et ouvert que je m'embarquai pour les États-Unis.

Ma première journée à la Barbara Brennan School of Healing fut un choc. Un choc culturel tout d'abord, car l'ambiance « new age » qui y régnait n'était pas du tout celle que j'avais connue à l'université. On y parlait d'aura et de chakras, de champs énergétiques et de guides spirituels invisibles, avec lesquels Barbara Brennan entrait en contact lors de séances de « channeling ». Cette atmosphère ésotérique était imprégnée des théories de la théosophie d'Helena Blavatsky et colorée par des images issues de la Kabbale hébraïque, de la mystique chrétienne, des enseignements védiques et de la philosophie bouddhiste. J'étais déconcerté, à la fois critique et rempli de curiosité.

Mais le choc le plus fort se produisit au niveau personnel. Je me souviens très bien de cette première matinée où mes vingt camarades de cours et moi-même nous retrouvâmes réunis pour une session de groupe. Je savais que le programme de formation de l'école promettait l'acquisition d'un « sens élevé de perception », mais j'ignorais complètement comment nous allions parvenir à développer ce type de sensibilité. Une grande partie de ce travail reposait sur l'accroissement de la conscience que nous pouvons avoir intellectuellement, émotionnellement et physiquement. « Il faut toujours entrer par la porte qui est ouverte », avait l'habitude de dire Barbara Brennan, en ajoutant que, chez la plupart d'entre nous, cette porte est l'intellect. Cela supposait d'accepter de remettre en question les concepts et les croyances que nous avons à propos de nous-mêmes et de la réalité. Mais cela ne suffisait pas : une fois la porte de l'intellect franchie, il fallait apprendre à identifier les émotions qui sont attachées à ces concepts et à ces croyances, et, plus important encore, oser les expérimenter à travers les mouvements du corps afin de relâcher les tensions et les contractures qu'elles provoquent et de permettre à l'énergie ainsi libérée de circuler d'une manière plus fluide. Il s'agissait donc d'un travail psycho-corporel nourri des apports de la « végétothérapie » de Wilhelm Reich, de l'« analyse bioénergétique » d'Alexander Lowen et John Pierrakos, et de la « gestalt thérapie » de Fritz Perls, un travail facilité par des ateliers de danse et d'art thérapie ainsi que par des séances de catharsis émotionnelle.

Le choc fut de voir quelques-uns de mes camarades décharger des émotions d'une intensité peu commune. Sur le moment, je me réfugiai derrière un jugement péjoratif : je considérais qu'il y avait là un manque de pudeur. Je doutais même de la véracité des sentiments exprimés. Tout cela me faisait l'effet d'une mise en scène pathétique. J'arborais un sourire paisible, à la manière des statues du Bouddha que l'on peut admirer dans les temples d'Angkor, au Cambodge ; j'éprouvais de la pitié envers mes pauvres condisciples qui exprimaient leur douleur d'une façon aussi démonstrative ; et je me disais que, moi, j'avais beaucoup de chance de m'être débarrassé depuis longtemps de toute cette souffrance. Je n'étais absolument pas conscient que mon air serein et compatissant n'était qu'un masque derrière lequel je cachais une montagne de blessures et de douleurs. Quelques semaines plus tard, je me retrouvai moi aussi à sangloter, à frapper des poings, à taper des pieds et à hurler. Et je peux témoigner que ces manifestions n'étaient pas « fabriquées ».

*

Tomber le masque n'a pas été facile ; cela m'a pris du temps. Les quatre années passées dans l'école de Brennan furent bien plus difficiles que mes sept années d'études de médecine et mes six années de formation pour devenir chirurgien urologue. Il ne s'agissait pas d'acquérir un savoir, mais plutôt de développer une connaissance. Cela supposait une profonde transformation de soi afin de devenir l'instrument principal de la relation thérapeutique. On peut « faire » le docteur, prescrire des médicaments et recourir à des techniques ; tout cela n'a rien à voir avec le fait d'« être » guérisseur. La formation que j'ai suivie chez Brennan ressemblait davantage aux processus initiatiques que l'on trouve dans les sociétés traditionnelles. Plusieurs fois j'ai voulu arrêter le cursus, qui n'était qu'une succession de confrontations. Confrontation avec soi-même, la première année ; avec les autres, la deuxième ; avec l'autorité extérieure, la troisième ; et, enfin, avec sa propre autorité intérieure, la quatrième. Je me suis néanmoins accroché, car j'estimais avoir beaucoup de chance de pouvoir explorer les replis de moi-même au sein d'un environnement structuré, encadré par des personnes bienveillantes, dans un climat de profonde humanité.

Cela ne m'a pas empêché de me révolter quelquefois contre la rigidité de l'institution – ce qui me fait sourire aujourd'hui lorsque je constate à quel point je suis moi-même pétri de rigidité. Le fait est que j'accepte beaucoup plus facilement la structure et la discipline que je m'impose que celles qui me sont imposées par autrui. En même temps, la rigueur dont on nous demandait de faire preuve me rassurait. Nous devions remettre de façon régulière des rapports écrits destinés à nous apprendre à nous autoanalyser, à reconnaître nos projections mentales sur la réalité et à détecter la survenue du phénomène de transfert et de contre-transfert dans la relation thérapeutique. De plus, nous avions l'obligation d'être suivis par un psychothérapeute tout au long de notre formation, de façon à mettre en place ce que l'on appelle une « supervision ». C'est ainsi que j'ai travaillé durant cinq ans avec un psychanalyste jungien qui m'a aidé à mettre de l'ordre dans le trouble de mes idées et dans la confusion de mes sentiments.

Vivre mes émotions dans la pleine conscience de leur expression corporelle fut pour moi une bénédiction, une occasion unique de m'incarner davantage dans ce corps que j'ai mis tant de temps à apprivoiser. J'ai ressenti le plaisir de laisser la rage envahir tout mon être – un plaisir qui naissait d'un sentiment de puissance et de sécurité. J'ai compris que la colère ne survenait jamais par hasard, qu'elle révélait toujours un besoin non assouvi ou une frustration qui nous met en danger. J'ai appris à canaliser cette rage afin de ne plus la décharger aussi souvent à travers des paroles ou des actes empreints d'agressivité. J'ai également appris à ne plus la contenir autant dans les tensions et les crispations de mon corps. Je sais aujourd'hui que la colère est une formidable force de vie que nous pouvons mettre au service de notre créativité. Une telle conception m'a valu l'incompréhension de certains adeptes du bouddhisme, pour qui la colère est une émotion négative et destructrice. Je crois qu'il est erroné de ne la considérer que de ce point de vue négatif : comme je l'ai expérimenté moi-même et l'ai constaté chez les personnes que j'accompagne, nous avons besoin de l'énergie de notre rage ; le tout est d'apprendre à bien l'utiliser. Cela demande d'être pleinement conscient de soi dans l'instant présent.

L'outil qui m'est le plus précieux pour développer cette « pleine conscience » est le *qigong* – le « travail de l'énergie ». Le qigong que j'ai appris à l'école de Brennan est pratiqué dans une position relativement statique, mais pourtant animé d'un profond mouvement.

Je me rappelle mes premiers cours, debout, les jambes écartées, les pieds parallèles, les genoux légèrement pliés de façon à faire peser le poids du corps sur les talons, assis dans le vide, le bassin totalement détendu, la colonne vertébrale bien droite, le menton relevé, les yeux fixés sur l'horizon, comme traversé par un fil qui descendrait du ciel, pénétrerait le corps au sommet du crâne, en ressortirait au milieu du périnée pour plonger dans le sol et s'ancrer au centre de la Terre, suspendu dans une position de parfaite stabilité et de totale sécurité, ici et maintenant, dans la conscience de l'instant présent, en prenant le temps de respirer profondément. Au début, je ne ressentais pas grand-chose, en dehors de quelques crampes musculaires au niveau des cuisses. Puis, à force de pratiquer l'exercice, je commençai à éprouver des frémissements et des vibrations dans mon ventre. Mon instructeur m'invita alors à focaliser mon attention sur ces vibrations, qui, d'après lui, émanaient d'un noyau énergétique – le *tan tien* – situé en plein centre de l'abdomen, environ trois centimètres en dessous du nombril. D'une manière tout à fait surprenante pour le novice que j'étais, l'autorégulation de mon attention sur la sensation du *tan tien* me la fit ressentir de plus en plus précisément et intensément. J'avais l'impression que cette petite boule d'énergie brûlait comme un feu ardent et pouvait grossir jusqu'à se diffuser dans tout mon ventre et même au-delà, dans tout mon corps et autour de lui. Plus je restais en lien avec la vibration, plus je sentais une chaleur m'envahir, au point de transpirer à grosses gouttes. Pourtant, je ne percevais aucune tension dans mes muscles, je ne faisais aucun effort, j'étais calme, attentif au rythme de ma respiration et au rayonnement de ce *tan tien* dont je me demandais à quoi il pouvait bien correspondre dans les descriptions anatomiques que l'on m'avait enseignées sur les bancs de l'université.

Étaient-ce les pulsations de mon aorte abdominale ? Ou bien les mouvements de mes intestins ? Mon instructeur m'apprit à ne pas me poser ces questions, à ne pas tenter d'interpréter ce que j'éprouvais, afin de rester dans un état de pleine conscience de ce qui se passait en moi dans l'instant du présent. Ce ne fut pas facile, car une foule d'images surgirent dans mes pensées, de nombreuses sensations s'éveillèrent dans mon corps et une succession d'émotions générèrent des sentiments qui détournèrent mon attention. Après un temps, j'acceptai l'idée qu'il existe une anatomie énergétique et vibratoire qui n'est pas décrite dans les livres de médecine. Plus j'explorais mon *tan tien*, plus je découvrais que je pouvais accroître l'intensité de ses vibrations et accentuer la diffusion de son rayonnement. J'appris à relier ce noyau énergétique au centre de la Terre, en laissant l'énergie du sol remonter à travers mon corps, parfaitement aligné, équilibré et stabilisé, dans une sensation d'enracinement. Dans cette posture, rien ne semble pouvoir nous arriver. Il n'y a aucune raison de quitter le présent pour revisiter le passé ou imaginer le futur. Tout est là, tout est bien. Je n'avais jamais éprouvé un tel sentiment de plénitude. Je n'avais jamais non plus ressenti autant de vie en moi. Il me suffisait de focaliser mon attention sur l'une ou l'autre partie de mon corps pour, immédiatement, percevoir des vibrations dont la qualité, la fréquence et l'intensité variaient en fonction de l'endroit sur lequel je méditais.

Car il s'agissait bien d'une méditation dans le corps. Une méditation en mouvement aussi, puisque, à partir de cette position centrée, je pouvais explorer l'espace autour de moi et détecter ma tendance à pousser ou à me rétracter, revenant toujours sur mon axe, suspendu à ce fil tendu entre le ciel et la terre, nourri de l'énergie du sol, pleinement conscient de la vie qui m'habitait, capable de détecter les zones de mon être qui manquaient d'énergie et – chose tout à fait étonnante pour un ex-chirurgien enclin à ne croire qu'à ce qu'il peut voir et palper – apte à rediriger l'énergie là où elle faisait défaut.

Depuis, j'ai pris l'habitude d'utiliser le qigong pour améliorer la qualité de ma présence à moi-même et aux autres. Lorsque je suis assis en face d'un patient en consultation ou pendant que je donne une conférence, mais aussi dans toutes sortes de circonstances de ma vie quotidienne, j'essaie d'être conscient de moi dans l'instant du présent, à travers mes sensations, en remarquant ma tendance à me décentrer, en comprenant les peurs à l'origine de ce décentrage, en faisant le choix de me réaligner sur mon fil, de recontacter mon *tan tien*, de retrouver de la sécurité et de rayonner une belle énergie. Ainsi, j'ai l'impression de danser ma vie et de partager ce qu'il y a de plus fluide et de plus confiant en moi. J'ai la sensation d'être pleinement vivant.

*

Le qigong est à la base du travail énergétique que j'ai appris à pratiquer durant les quatre années passées à la Barbara Brennan School of Healing. Derrière les représentations imagées faisant référence à l'aura et aux chakras, au-delà de la croyance en l'existence de guides spirituels susceptibles d'aider à la mise en place d'un processus de guérison, c'est avant tout l'expérience de la réalité énergétique qui permet de pratiquer ce que Brennan appelle le *hands on healing* – la guérison par les mains. Car qui dit énergie dit vibrations ; et qui dit vibrations dit possibilité de faire entrer en résonance différentes fréquences vibratoires. À la manière d'un diapason, nous pouvons, par la seule qualité de notre présence, induire chez autrui un changement de la fréquence de ses vibrations, une modification de la qualité de son énergie. Nous en faisons tous l'expérience, par exemple quand notre agressivité déclenche la colère de notre interlocuteur ou quand, au contraire, notre sérénité l'apaise. J'ai appris que l'on pouvait acquérir une véritable maîtrise de cet effet de diapason. Il suffit pour cela d'accroître la conscience que l'on a de soi dans l'instant, de choisir le type d'énergie que l'on souhaite manifester et de laisser ses vibrations remplir l'espace entre soi et les autres. Je ne peux pas mieux expliquer ce travail énergétique ; les mots ne sont que des mots, ils ne dispensent jamais de faire l'expérience qu'ils décrivent. Plus nous sommes connectés à notre Essence, plus nous aidons autrui à se connecter à la sienne. Plus notre énergie est fluide et joyeuse, plus nous aidons autrui à retrouver de la joie et de la fluidité. C'est aussi simple que cela. Et, en même temps, c'est extrêmement difficile, car le chemin qui permet de retrouver la véritable joie et la complète fluidité est long et parfois douloureux.

Barbara Brennan n'apprécierait peut-être pas que je réduise son enseignement à ce que je viens d'expliquer. Je pense cependant qu'il est important d'affiner notre compréhension au-delà des théories, à l'essence de nos expériences.

Le travail de *hands on healing* provoque surtout des guérisons émotionnelles et psychologiques ; dans certains cas, il peut aider à la résolution d'un problème physique. L'éthique empêchait les étudiants que nous étions de le pratiquer d'emblée sur des personnes non affiliées à l'école. Nous avons donc appris en servant de cobayes les uns aux autres. C'est au cours d'une de ces séances d'échanges de *healing* que je vécus une expérience qui compte parmi les plus importantes que j'aie eues à ce jour. C'était le 24 mars 2001. Cette précision peut paraître anecdotique mais, étant doté d'une excellente mémoire des dates, aidé en cela par mon journal, j'ai pris l'habitude de « fêter » de nombreux anniversaires, qui sont autant d'occasions d'éprouver de la gratitude pour ce que j'estime avoir eu la chance d'expérimenter au cours de mon existence. Ce jour-là, je venais de pratiquer une séance de *healing* sur l'une de mes camarades de classe. C'était à mon tour de m'allonger sur la table pour recevoir ce « soin énergétique ». Nous avions reçu comme directive de travailler à partir de l'énergie du quatrième chakra – le chakra du cœur, qui ne s'ouvre que si nous sommes dans la pleine acceptation de nous-même et des autres, capables d'un amour sans condition.

Conformément à ce que l'on nous avait appris, ma camarade posa ses mains sur mes pieds, puis sur mes jambes, mes hanches, le bas de mon ventre, mon estomac, mon torse. Subitement, je sentis une décharge électrique se propager de la plante de mes pieds jusqu'au sommet de mon crâne, puis le long de mes membres jusqu'à l'extrémité de chacun de mes doigts. Une vague de spasmes parcourut l'ensemble de mes muscles, ma respiration s'accéléra, j'hoquetai à plusieurs reprises et, de manière totalement incontrôlable, je me mis à sangloter. Mes pleurs étaient accompagnés de cris qui ressemblaient à ceux d'un enfant. J'avais beau tenter de réprimer ces hurlements, que je jugeais exagérés, je ne pouvais pas m'empêcher de continuer à crier et à pleurer. Les sanglots me secouaient par saccades. J'avais le sentiment de déverser une souffrance accumulée depuis très longtemps. C'était à la fois douloureux et jouissif. Je n'avais pas envie que cela s'arrête. Je finis donc par m'abandonner entièrement à l'expérience.

Pendant ce temps, un de nos professeurs vint assister ma camarade, décontenancée par l'intensité de ma réaction. Nous étions habitués à faire face à ce genre de catharsis émotionnelle lors des séances de *healing*, mais je n'en avais jamais vécu de pareille personnellement. Je pleurai longtemps, sans doute une dizaine de minutes, sans pouvoir m'arrêter. Plus je pleurais, plus le son de ma voix ressemblait à celui d'un bébé. Puis, sans l'avoir décidé, je m'apaisai, avant d'être emporté au bout de quelques secondes par une crise de fou rire comme je n'en avais jamais connu auparavant. Je riais de bon cœur, bruyamment et joyeusement. La joie que j'éprouvais était extrêmement intense, d'une qualité qui m'était totalement étrangère. Il me paraît impossible de traduire la force de cette expérience sans tomber dans la grandiloquence. Je peux simplement dire que, jusqu'alors, j'ignorais que l'on puisse être aussi joyeux.

Et puis, sans crier gare, les sanglots réapparurent. Cette fois, ils n'exprimaient pas de la souffrance, mais de la tristesse – la tristesse de n'avoir pas pu connaître plus tôt un tel sentiment de joie. Je me sentais misérable, comme un expatrié qui, rentré dans son pays, regrette de l'avoir quitté depuis trop longtemps. En même temps, je me sentais bien. Mon corps était complètement détendu, chaud et vibrant. La douceur m'avait envahi. J'étais rempli d'amour pour l'enfant que j'avais été, pour l'adulte que j'étais devenu, pour mes parents, pour mon compagnon, pour mes amis qui se trouvaient en Europe, pour ma camarade qui m'avait accompagné dans ce processus de libération – pour tout le monde, en fait. Pour la vie, aussi. J'étais heureux, profondément, intensément, paisiblement, comme je ne l'avais encore jamais été.

Quelques minutes plus tard, je me regardai dans un miroir et constatai que l'éclat de mes yeux avait changé ; il était plus intense, plus lumineux, plus pétillant. J'ouvris mon journal et y racontai cette formidable expérience. En écrivant, je compris ce qui venait de se passer : j'avais ôté mon masque, baissé la garde, abandonné mon système de défense, traversé mes peurs, revécu mes souffrances, pour finalement parvenir au cœur de moi-même, dans cet endroit où il n'y a que de la joie et que l'on appelle le Soi. « Je suis enfin pleinement reconnecté à la vie qui est en moi », ai-je écrit ce 24 mars 2001. Depuis, ma joie est le meilleur indicateur de ma connexion à mon Essence, le plus fidèle reflet de ma vitalité.

*

Après l'extase, la lessive. Le titre de l'excellent livre du moine bouddhiste américain Jack Kornfield résume très bien l'exigence quotidienne à laquelle j'étais alors (et suis toujours) confronté. Il ne suffit pas d'avoir éprouvé la joie de l'Essence et compris que, au-delà des blessures et des peurs, juste derrière nos douleurs, se cache notre pleine vitalité. Encore faut-il rester éveillé à cette réalité. Cela demande un effort, une vigilance qui est un travail de chaque instant.

Dans mon cas, la « lessive » dont parle Jack Kornfield se fit d'abord dans une petite loge de concierge que François avait louée pour moi non loin de l'endroit où nous habitions afin que je puisse y rencontrer les personnes, de plus en plus nombreuses, qui me demandaient de les accompagner dans leur travail de conscience. Un étonnant bouche-à-oreille s'était mis en marche. Olivier, un ami qui me servait de cobaye au cours des séances de soins énergétiques que je devais effectuer en guise d'exercices pratiques pour l'école de Brennan, m'offrit un téléphone portable. À l'époque, l'état de mes finances ne me permettait pas ce genre de dépense. Pourtant, je ne manquais de rien. François pourvoyait à notre nourriture et à notre logement. De plus, une série de cadeaux tombèrent du ciel comme par enchantement. C'était absolument stupéfiant. Je n'avais pas d'argent pour partir en vacances ; on m'invita à passer dix jours en Égypte pour guider un groupe d'amis. Je cherchais un bureau pour travailler ; à peine l'avais-je trouvé qu'on me proposa de m'aider à en faire l'acquisition grâce à un prêt sans intérêts – prêt qui fut finalement transformé en don ! Les années 1999 et 2000 furent deux années magiques. Tout se mettait en place sans que j'aie à faire le moindre effort. J'étais comme poussé dans une direction précise sans réellement décider de quoi que ce soit, hormis du fait que je voulais rester connecté à mon Essence, sans peur, avec confiance et fluidité.

Tant que j'étais relié à cette part apaisée de moi-même, tout se passait à merveille. Dès que je retombais dans les stratégies névrotiques de mon Ego apeuré, tout se compliquait. C'est précisément mon Ego qui m'avait incité à entreprendre l'écriture d'une troisième tentative de roman. Cette fois, l'action ne se situait ni dans l'Antiquité égyptienne, ni dans l'Égypte contemporaine, mais entre Paris, Londres, la Californie et la forêt guatémaltèque. Dans ce thriller ésotérico-philosophique, une jeune femme inspecteur de police se retrouvait confrontée à une secte millénariste qui prédisait la fin du monde pour 2012. *Deux mille douze* était d'ailleurs le titre de ce manuscrit, que je n'ai jamais terminé. Je m'amuse au passage du fait que 2012 soit l'année au cours de laquelle j'écris ces *Confidences* et, accessoirement, l'année de mon cinquantième anniversaire. Certains devins prétendent que c'est aussi celle de l'Apocalypse. Cela ne devrait pas nous effrayer puisque, étymologiquement, le mot « apocalypse » signifie mise à nu, enlèvement du voile, révélation. En ce qui me concerne, c'est avec une intention apocalyptique que je me suis lancé dans la rédaction du présent ouvrage.

Mon intention était bien différente lorsque, en 1999, j'écrivais mon *Deux mille douze*. J'étais pressé, inquiet de savoir si un éditeur pourrait s'intéresser à ce texte et, surtout, si le livre deviendrait un best-seller. Tellement pressé que j'avais réussi à obtenir un rendez-vous avec l'éditeur Bernard Fixot avant même d'avoir commencé la rédaction du manuscrit. Je cherchais à entendre dans la bouche d'un homme habitué aux succès d'édition ce que je pensais de ma propre idée – une idée que je trouvais tout simplement passionnante et géniale. Je vis la stupéfaction dans le regard de Fixot lorsque je lui expliquai que je ne m'étais pas encore mis à écrire. J'aurais voulu me faire éjecter de son bureau que je ne m'y serais pas pris autrement. Mais l'homme avait de l'éducation et, je crois, de la compassion. Il m'a gentiment raccompagné à la porte en me promettant de regarder d'un œil attentif le texte que je lui enverrais.

Je n'éprouve aucune honte à propos de cet épisode peu glorieux de mon parcours littéraire ; juste de l'amusement et beaucoup de tendresse pour celui que j'étais. Il est étonnant de constater à quel point, dès qu'il s'agissait de concrétiser ma volonté, je manquais de patience et de discernement, alors que je faisais preuve de tant de calme et de sagesse lorsque je me laissais guider par le cours des événements. Tout se passait alors comme si un fil se déroulait sous mes yeux ; un pas après l'autre, je le suivais sur un chemin qui paraissait tracé à l'avance. Avec le recul, je comprends qu'en réalité je répondais à la volonté de la partie la plus profonde et la plus sage de moi-même, ce Soi que j'appelle mon Essence. Du coup, tout ce qui se manifestait dans ma vie contribuait à concrétiser ce qui m'était essentiel.

L'une des choses essentielles que je devais apprendre à faire était de gagner de l'argent. Je l'ai dit, l'argent était une énergie trop matérielle pour quelqu'un comme moi, qui avais passé mon temps réfugié dans les sphères de la pensée. Je ne savais pas comment l'apprivoiser. Je préférais réduire mes besoins plutôt que d'avoir à me préoccuper de la valeur monétaire de mon savoir et de mon savoir-faire. C'est Anita qui, la première, m'a enseigné cette leçon. Anita était une femme – plus tard devenue une amie – que je recevais régulièrement dans ma loge de concierge pour l'accompagner dans son travail psychologique et spirituel. Un jour, au moment de quitter la loge à la fin d'une rencontre au cours de laquelle nous avions parlé de nos besoins et de la difficulté de les combler, elle me tendit un billet de deux mille francs belges (environ cinquante euros). Je le refusai. Elle me dit : « Vous m'apprenez à accroître la prospérité de mon âme, je vais vous apprendre à augmenter la prospérité de votre portefeuille. » Ce fut pour moi une leçon d'humilité, car il était évident que j'en manquais singulièrement. Aider autrui tout en faisant croire que l'on n'a pas besoin d'un soutien en retour est une bonne façon de dominer une relation. Me rendre indispensable sans dépendre de l'autre : cette posture était confortable pour moi qui avais peur d'être rejeté. Sauf que cela ne me nourrissait pas. Et, si j'étais vraiment honnête avec moi-même, je devais bien reconnaître que je dépendais tout de même de quelqu'un, puisque François subvenait à mes besoins matériels.

Je commençai donc à demander de l'argent en échange du temps que je consacrais aux autres. J'eus beaucoup de mal à fixer une valeur à ma disponibilité et à mes compétences. Cela m'est d'ailleurs resté difficile. Le fait est que, à l'époque, je n'étais pas sûr d'avoir réellement la légitimité nécessaire pour assumer la fonction que j'occupais. Je n'avais jamais décidé, planifié de devenir psychothérapeute ; je l'étais devenu spontanément, d'une manière totalement indépendante de ma volonté consciente. Encore aujourd'hui, je considère que ce sont les gens que j'ai rencontrés qui m'ont établi dans cette fonction, probablement parce que je la portais en moi depuis longtemps. À l'hôpital déjà, je passais beaucoup de temps à écouter et à rassurer les malades. Je pense d'ailleurs que cette attitude était à l'origine du taux extrêmement bas de complications post-opératoires que j'enregistrais chez mes patients. Il y a peu de temps, un homme que j'avais opéré d'un cancer de la prostate dix-huit ans auparavant m'a rappelé les longues conversations que nous avions lui et moi à propos de nos peurs et de nos blessures psychologiques. J'avais oublié que, déjà lorsque je pratiquais la chirurgie, je considérais les malades comme des êtres multidimensionnels, faits de chair, d'émotions et de pensées. Je savais que ces différentes composantes étaient liées et interagissaient entre elles. Je n'avais tout simplement pas le temps de m'intéresser de plus près à la nature de ces liens et de ces interactions.

Qui dit rémunération dit professionnalisation ; et qui dit professionnalisation dit obligation de déclarer des revenus à l'administration fiscale. Le côté rigide et perfectionniste de ma personnalité m'a toujours poussé à respecter les règles et à m'inscrire dans la légalité. Le problème pour moi était de savoir comment j'allais définir ma profession. À ce stade de mon parcours, je n'avais pas du tout envie de redevenir médecin. J'optai donc pour le titre de « psychothérapeute ». J'appelai un fonctionnaire du ministère de la Santé qui m'assura qu'avec mes diplômes je pouvais pratiquer cet « art de guérir » en toute légalité. Cela ne me parut pas ajouter quoi que ce soit à ma légitimité. Il serait absurde de penser que tout médecin est forcément un bon psychothérapeute. Certes, je suivais mes cours à la Barbara Brennan School of Healing, j'étais en train d'acquérir des compétences dans les thérapies psychocorporelles et en gestalt thérapie, je me soumettais à une supervision psychanalytique et je fréquentais de nombreux séminaires de psychogénéalogie et de psychologie transpersonnelle. Mais tout cela ne suffisait pas. Il fallait que j'explique très clairement ce que je proposais aux personnes que j'accompagnais. C'est la raison pour laquelle j'ai écrit *Le Travail d'une vie.*

*

L'idée du *Travail d'une vie* est née après la lecture du livre *The Undefended Self*, de Susan Thesenga. Ce recueil des enseignements d'Eva Pierrakos – l'initiatrice d'une approche de développement psychologique et spirituel appelée « Pathwork », dont Barbara Brennan s'est largement inspirée – m'avait fortement impressionné. Cependant, dès le début de ma lecture, j'avais été dérangé par un ton à mon sens un peu trop manichéen. Comme il me semblait véhiculé par les concepts du *Lower Self* (Soi inférieur) et du *Higher Self* (Soi supérieur), j'avais imaginé d'autres mots pour définir ces notions. C'est ainsi que le *Lower Self* devint le « Séparateur » et le *Higher Self* l'« Unificateur ». Ces deux mots me paraissaient plus objectifs : ils décrivaient soit le fait d'être séparé de la partie essentielle de soi et des autres quand on se trouve sous l'effet de la peur et des stratégies défensives qui y répondent, soit le fait d'être réuni et réconcilié avec cette part essentielle lorsqu'on est rassuré et apaisé. Tout mon travail personnel, de même que celui que j'invitais les personnes que j'accompagnais à effectuer, consistait à identifier le « Masque » derrière lequel le Séparateur cherche à dissimuler ses intentions. J'avais bien compris que c'était là le seul moyen de contacter notre Unificateur, cette Essence apaisée qui contient le meilleur de nous-même. J'avais donc appris à développer un « Observateur » objectif et compatissant, capable de l'intransigeance bienveillante dont j'ai parlé plus haut, nécessaire pour exercer la chirurgie de l'âme. Un matin, au réveil, je « vis » littéralement le livre que je voulais écrire. Quelques minutes plus tard, j'avais jeté les grandes lignes de l'ouvrage sur une feuille de papier, et son titre m'apparut comme une évidence.

Le processus créatif est une chose étrange. Au départ, rien ne paraît avoir de sens. Nous accumulons un tas d'informations glanées au fil de nos rencontres, de nos lectures ou d'autres expériences. Puis, d'une manière non consciente, ces informations s'organisent pour former un ensemble cohérent par rapport à quelque chose qui réside au fond de nous, un besoin, un désir, une aspiration qui devient une inspiration. Enfin, un beau jour, nous expirons tout cela sous la forme d'un projet. Personnellement, je « vois » mes projets. Ils m'apparaissent de manière furtive mais très précise, comme des condensés de potentialités qui demandent à être matérialisées. Commence alors un processus de précipitation à travers les contingences de l'espace et du temps.

Dans le cas du *Travail d'une vie*, ce processus se déroula très rapidement. Je « vis » le livre au mois d'avril 2000, trouvai le lieu pour l'écrire au mois de mai, et l'écrivis au mois d'août, en dix-neuf jours. Tout s'enchaîna d'une façon absolument étonnante. Après quelques semaines d'hésitation, le besoin de concrétiser mon projet devint une urgence. Je passais mes journées à prendre des notes dans mon journal, interrompant sur-le-champ ce que j'étais en train de faire. Du matin au soir et du soir au matin, je pensais à ce livre. J'en rêvais la nuit. C'était une véritable obsession. Je m'imaginais en train de l'écrire à la montagne. C'est un environnement que j'aime particulièrement aujourd'hui, mais à l'époque je n'y avais séjourné que deux fois, durant mon enfance – deux séjours qui comptent parmi mes plus beaux souvenirs de vacances.

Une amie à qui je confiai mon projet d'écrire me proposa de me prêter sa maison en Provence. L'offre était tentante, mais, outre le fait que j'ai toujours préféré la montagne à la mer, quelque chose au fond de moi – de l'ordre de ces intuitions que j'avais appris à reconnaître à travers les sensations de mon corps – me disait de ne pas l'accepter. Pour moi, l'idée d'écrire en Provence n'était physiquement pas « confortable ». Le lendemain, Émile, qui avait financé mes études à l'école de Brennan, me proposa de venir écrire chez lui, en Normandie. Cette perspective n'emporta pas non plus mon adhésion. Le surlendemain, Daniel, un ami rencontré à Paris, me suggéra de me retirer dans son chalet, en Suisse, à Château-d'Oex. Immédiatement, je ressentis une détente corporelle et un sentiment de joie. C'est là-bas que j'écrirais l'ouvrage.

Le temps de l'écriture fut un enchantement. Les mots coulaient plus vite que mes doigts ne pouvaient taper sur le clavier. Devant moi s'étalaient les sommets rocheux du Pays-d'Enhaut. Je sentais l'odeur des foins coupés monter depuis la vallée. J'entendais les cloches des vaches qui descendaient des alpages. J'étais heureux.

À peine rentré à Bruxelles, j'envoyai le manuscrit à Abel Gerschenfeld, éditeur chez Robert Laffont. Ma rencontre avec Abel mérite d'être racontée, tant elle illustre bien comment ce qui se manifeste dans notre vie devient juste lorsque nous laissons notre Essence prendre les commandes de notre existence. Un an avant de me lancer dans la rédaction du *Travail d'une vie*, alors que je vivais encore à Paris, sans emploi et sans autre projet que celui de vivre l'instant présent, je fus pris d'un sentiment de panique. Je me mis à douter. N'étais-je pas en train de me perdre, ou de prendre goût à une forme d'oisiveté ? Tout à coup, j'éprouvai le besoin d'avoir un projet pour mon futur. Je me mis à imaginer la réalisation d'une collection de petits livres destinés à un large public sur des sujets touchant aux différentes manières de soigner. *MédecineS – au pluriel* était le nom que je voulais donner à cette série, avec un M et un S en lettres capitales. Comme à l'accoutumée, je « vis » la liste des titres qui pourraient figurer dans cette collection, de la sorcellerie à la thérapie génique en passant par l'acupuncture, l'ostéopathie ou l'homéopathie. Une amie attachée de presse à qui j'expliquais mon idée me conseilla de la soumettre à un grand éditeur parisien. Elle connaissait Abel Gerschenfeld ; je lui adressai donc un dossier. Je me rappelle mon « inconfort » lorsque, quelques minutes avant d'entrer dans le bureau d'Abel, je compris qu'en réalité je n'avais pas envie de devenir le directeur d'une telle collection. Trouver des auteurs, corriger des textes, veiller à leur promotion ; ce n'était pas un métier pour moi. « En fait, vous avez envie d'écrire », me dit Abel.

Je répondis que j'avais déjà terminé deux romans et que plusieurs éditeurs m'avaient dit que je n'y laissais pas suffisamment de place à mes personnages. Je voulais dire trop de choses et trop sérieusement, je n'étais pas assez romanesque. « Vous devriez écrire un essai, me dit Abel. Je suis certain que vous le ferez un jour. Ce jour-là, ne m'oubliez pas. »

Moins d'un an plus tard, l'essai était achevé. Pourtant, Abel était réticent à l'idée de le publier. Il ne comprenait pas comment j'avais pu rédiger ce texte en si peu de temps. Je lui expliquai que notre première rencontre m'avait donné confiance ; le fait qu'il m'encourage à écrire avait été une sorte de détonateur, une incitation à me donner la permission de m'exprimer. Ce livre n'était pas le résultat de quelques jours d'écriture, ni même d'une année de réflexion, mais de trente-huit ans de vie. Il fut donc publié chez Robert Laffont, en 2001.

Je pense que la justesse de mon comportement lors de ma première rencontre avec Abel Gerschenfeld est à l'origine de ce conte de fées éditorial. L'honnêteté de mes réponses à ses questions, associée à sa sensibilité et à son intelligence, nous a placés tous deux dans une relation non masquée, liée à l'essentiel, sans intention de séduction ou de manipulation. C'est, je crois, un bon exemple de logique apaisée, par opposition à la logique névrotique qui, en de pareilles circonstances, nous aurait probablement entraînés dans une relation compliquée, peu susceptible d'aboutir à un dénouement aussi heureux. Il faut semer du bon grain pour espérer récolter du beau blé. Ce que nous appelons la « chance » ou la « providence » est souvent la conséquence d'intentions, d'attitudes et de comportements confiants et apaisés, ancrés dans un passé que nous avons oublié.

Adolescent, j'avais aimé le film *Les Uns et les Autres*, dans lequel Claude Lelouch montrait l'influence potentielle de chacune de nos rencontres sur le cours de notre destinée. Qui sait le rôle que jouera demain dans notre vie une personne que nous rencontrons aujourd'hui ? Ainsi, comment aurais-je pu imaginer que Dominique Thommen – qui avait fondé l'association Tetra pour promouvoir le développement de la conscience à travers des ateliers et des conférences – serait à l'origine de ma « carrière » de conférencier ? Notre rencontre eut lieu dans la cabine d'un ascenseur, à Bruxelles, qui nous emmenait au sixième étage, chez une amie commune. Quelques mots échangés, sans défense, ont suffi pour créer un lien de confiance. « Vous devriez donner des conférences », me dit Dominique en sortant de l'ascenseur. L'idée me parut saugrenue. Elle m'effraya même, car je gardais un très mauvais souvenir du temps où, chercheur à l'université, j'étais invité à prendre la parole dans des colloques internationaux. Je ressentais alors des crampes au ventre, j'avais les joues rouges et la gorge serrée ; mon perfectionnisme m'interdisait toute spontanéité. Je répondis à Dominique que je n'y pensais pas, et qu'en tout cas cela ne se produirait pas avant que j'aie réussi à coucher ma pensée sur le papier.

Ces mots ne tombèrent pas dans l'oreille d'un sourd. L'année suivante, juste après la parution du *Travail d'une vie*, Dominique me proposa d'organiser une conférence autour du livre. Comme je désirais faire connaître l'ouvrage au public, j'acceptai – en prenant la précaution d'écrire dans mon journal que j'agissais ainsi au service de mon travail. Cela supposait d'incarner le message que je souhaitais faire passer. Il fallait que, à travers mes attitudes et mon comportement, j'arrive à témoigner de ma capacité à être conscient de moi dans l'instant, à détecter mes peurs et mes inhibitions, et à faire le choix de me laisser aller, sans défense, à l'expression de mon Essence. Pour y parvenir, je choisis de ne pas préparer mon intervention et de parler debout, sans notes, présent à moi-même et en lien avec les auditeurs, sans me préoccuper de bien dire ou de bien faire, avec simplicité et générosité. J'avais acquis une maîtrise suffisante du qigong pour oser me lancer dans cette expérience. Le flux de mes paroles coula sans hésitation, avec justesse et précision. J'avais l'impression de danser avec le public. Ce fut un vrai bon moment.

Le seul problème se présenta à la fin de la conférence. Quelques personnes montèrent sur l'estrade et, comme si elles cherchaient une sorte de bénédiction, s'approchèrent de moi en me posant un tas de questions, tout en essayant de me toucher les épaules et les mains. Je vis alors comment un phénomène de « gouroutisation » peut se mettre en place. Tous ceux qui, comme moi, se permettent de prendre la parole en public pour parler des blessures de l'être humain doivent comprendre qu'ils ont une grande responsabilité et mener un rigoureux travail de conscience afin de ne pas tomber dans le piège narcissique de la toute-puissance. Il est tellement facile de manipuler autrui lorsqu'il souffre ; tellement facile de lui faire croire que l'on connaît la solution à ses problèmes. D'autant plus que bon nombre de gens ont tendance à projeter leurs propres fantasmes de toute-puissance sur la personne de l'auteur ou du conférencier. Le soir même, juste après cette première « performance », j'écrivis dans mon journal que je n'avais pas quitté la prison où m'avait précipité mon rôle de chirurgien-parfait-qui-sauve-des-vies pour entrer dans une geôle où m'enfermerait un rôle de gourou du développement personnel en mal de reconnaissance.

*

Je l'ai dit, l'une de mes plus grandes craintes est que, moi qui n'ai même pas de religion, je puisse être considéré comme l'adepte ou, pire, le gourou d'une secte. Or c'est exactement ce qui se produisit quelques mois avant la parution du *Travail d'une vie*. Lorsque j'eus connaissance de l'infamante rumeur que répandait l'une de mes amies, j'éprouvai une rage que je ne pus malheureusement pas canaliser. Ma colère se transforma rapidement en agressivité. J'avais envie de tuer. N'ayant pas été un enfant très confiant dans ses capacités physiques, j'ai appris à me défendre et à attaquer avec des mots. Je peux tuer avec mes paroles et en éprouver un immense plaisir, car je me sens apaisé et en sécurité. Cette fois, le plaisir fut de courte durée.

Exprimer notre rage sous forme d'agressivité ne nous permet jamais de faire entendre notre besoin. Dans le cas de cette rumeur insultante, j'avais besoin d'être rassuré et, surtout, de me sentir en sécurité dans ma relation avec mon amie. Au lieu d'utiliser l'énergie de ma rage pour lui dire mon besoin, je l'agressai verbalement et la blessai en la touchant dans sa fragilité. Je provoquai donc exactement le contraire de ce qui m'était nécessaire.

Par la suite, j'ai longuement médité sur cette absurdité, et lorsque, en septembre 2001, les tours du World Trade Center se sont effondrées à New York, je n'ai pu m'empêcher d'établir un parallèle entre l'incompréhension qui s'était installée dans ma relation avec mon amie et l'immense fossé qui existait entre l'opinion publique occidentale et les auteurs de ces attentats. Il me parut évident que ce fossé était rempli de peurs, de rage et d'agressivité. Pendant ce temps, ni les uns ni les autres n'arrivaient à faire entendre leurs besoins. Sans doute parce que aucun d'eux n'était capable de les reconnaître et de les exprimer. Je parle ici des besoins essentiels de paix et de sécurité, car, loin d'être naïf, je sais que bon nombre des protagonistes dont il est question ici sont très au fait de leurs besoins égotiques et prêts à tout pour justifier leur désir de manipulation, de domination et de possession.

C'est au terme de toutes ces réflexions que je « vis » mon deuxième livre, *Vivre en paix*. En août 2002, je repartis à Château-d'Oex, dans ces montagnes que j'aime tant, et l'écrivis (je devrais plutôt dire : l'expulsai) en quatorze jours. Trouver la paix en soi ; faire la paix avec les autres ; créer la paix dans le monde : le propos de cet ouvrage était ambitieux. En fait, c'est à moi-même que je l'ai écrit. Le texte était très inspiré par les travaux de Marshall Rosenberg sur la communication non violente. Abel Gerschenfeld tenta de me dissuader de le publier : il pensait que je m'éloignais de ce qui faisait ma « spécificité ». Il attendait de moi un livre qui parlerait du lien entre le corps et la psyché, qui raconterait mes nombreuses expériences auprès de thérapeutes issus de cultures parfois très éloignées de la nôtre. Je lui dis que je n'étais pas encore prêt. Un jour, peut-être, ou peut-être pas. Peu m'importait. J'avais besoin de parler de la paix et envie de livrer ma réflexion à son sujet ; je me sentais d'autant plus légitime pour le faire que j'étais moi-même en quête de cette paix. Abel finit par entendre mon désir, espérant que je lui apporterais plus tard le texte qu'il attendait. *Vivre en paix* fut donc publié chez Robert Laffont à l'automne 2003.

*

Souvent, les autres voient avant nous-même qui nous sommes profondément et ce que nous pourrions faire pour l'exprimer complètement. Abel avait raison : j'avais une « spécificité ». Je m'en étais rendu compte dès 2002, lorsque, débordé par les demandes de consultations, j'avais décidé de ne plus accepter d'accompagner que des personnes qui souhaitaient faire un travail psychologique et spirituel dans le cadre d'une maladie physique. Cela me donnait un motif pour dire « non » aux trop nombreuses sollicitations, et – corollaire non négligeable – cela me permettait de nourrir mon intérêt pour les liens entre le corps et la psyché. Je me sentais particulièrement légitime dans cette nouvelle fonction. De bons psychothérapeutes, il y en a beaucoup, mais des psychothérapeutes qui, comme moi, ont pratiqué la chirurgie, prescrit des chimiothérapies et accompagné la souffrance physique jusqu'à la mort, on en rencontre bien plus rarement.

Cependant, si je n'avais pas lu *Guérir*, de David Servan-Schreiber, au printemps 2003, je n'aurais peut-être pas été stimulé à écrire l'ouvrage qu'attendait Abel Gerschenfeld. Je me rappelle le moment précis où, au beau milieu du chapitre consacré à l'acupuncture, je « vis » *La Solution intérieure* s'imposer comme un projet primordial. Cette fois, il n'était plus question d'écrire à partir de mes intuitions personnelles. Je désirais construire un ouvrage extrêmement documenté qui permettrait de mieux comprendre les interactions entre les différentes dimensions de l'être humain à travers l'étude des nombreuses manières qu'il a inventées pour se soigner. Je pressentais que la tâche serait ardue et, pendant plusieurs mois, je reportai la mise en œuvre de mon projet. Jusqu'au jour où, espérant soulager une douleur à l'épaule droite, je consultai un ami acupuncteur. Son diagnostic fut sans équivoque : je souffrais d'une faiblesse sur le méridien du foie, en rapport avec une colère que je n'arrivais pas à exprimer. Quelques minutes après qu'il eut planté ses aiguilles le long du méridien en question, je ressentis une douleur dans le flanc gauche. Plus tard dans la journée, je dus interrompre ma consultation tant cette douleur s'amplifiait. De ma vie je n'avais jamais eu aussi mal. Je passai une nuit affreuse entre mon lit et la baignoire remplie d'eau bouillante, essayant de calmer ce qui ressemblait à des spasmes du côlon ou à une crise de colique néphrétique. En bon médecin, j'ai toujours eu tendance à minimiser la signification de mes propres symptômes, ce qui est une façon de retarder la confrontation avec un diagnostic redouté.

Le lendemain, 14 février 2004, souffrant et gavé de médicaments antidouleur, je me rendis dans les locaux de l'association Tetra pour y animer un séminaire prévu de longue date. Je l'avais intitulé « Colère, rage de vivre ». Et, ce même soir, je crachai ma colère. La vie nous joue parfois des tours d'une malice absolument délicieuse. Il suffit de l'appel d'un ami qui me demandait de l'aide ; à peine le téléphone raccroché, sans pouvoir me maîtriser, j'explosai littéralement. Je m'entendis hurler que je ne voulais plus être à la disposition des autres, que moi aussi j'avais besoin d'être aidé et qu'à l'avenir je m'occuperais de moi avant de m'occuper d'autrui.

Cette bonne résolution faisait écho à une lettre qui m'avait été envoyée quelques semaines auparavant par une lectrice. Elle aussi avait vu avant moi qui j'étais profondément et ce que je pourrais faire pour l'exprimer complètement. « J'ai quatre-vingt-quatre ans, m'écrivait-elle. Je n'ai donc plus de temps à perdre. Je voudrais vous dire qu'en lisant vos ouvrages, j'ai eu le sentiment d'avoir découvert l'œuvre d'un homme accompli. » Sur le moment, j'avais éprouvé un grand contentement ; mon Ego ne se sentait plus d'aise. Mais, en lisant la suite, mon plaisir s'était transformé en agacement. « En réalité, poursuivait la vieille dame, je dois vous dire que vous n'êtes pas du tout accompli. Au contraire, vous prenez le chemin opposé à celui qui permet la réalisation du Soi. Vous feriez mieux de vous occuper de votre évolution personnelle au lieu de vous occuper de celle des autres ! » Cette femme avait raison.

Dans mon journal, ce 14 février 2004, je me demandai ce que je ferais s'il ne me restait que quelques mois à vivre. La réponse me vint sans hésitation : j'écrirais ce livre que je voulais intituler *La Solution intérieure*. Je réalise aujourd'hui combien l'enjeu était de taille. Cet ouvrage était celui de la réconciliation du chirurgien et du psychothérapeute, du docteur et du guérisseur, du scientifique et du poète qui vivent en moi. « Les hommes construisent trop de murs et pas assez de ponts », a dit Isaac Newton. Mon intention était d'insister sur une vision globale de la personne humaine dans ses prises en charge thérapeutiques, et aussi de promouvoir le paradigme qui consiste à intégrer les différentes méthodes de soins au lieu de les opposer et d'en exclure certaines au profit d'autres. Ce faisant, je craignais de ne pas trouver le ton juste pour simplement présenter l'information disponible au sujet des liens entre le corps et la pensée, ainsi que celle concernant les approches thérapeutiques non conventionnelles, dites « alternatives » ou « complémentaires ». Seul un travail d'intégration mené à l'intérieur de moi pouvait conduire à la manifestation de cet objectif dans le monde extérieur. Je n'étais pas du tout certain d'y parvenir.

Au départ, j'avais prévu de consacrer six mois à ce projet. J'envisageai donc de fermer ma consultation pendant ce laps de temps. Car, et c'est un réel handicap, je suis incapable d'écrire si j'ai d'autres tâches à effectuer. Le seul fait d'avoir éventuellement une obligation dans la journée m'empêche de commencer la rédaction d'un texte. Je dois avoir l'assurance que je pourrai me plonger à fond dans le flot des mots. Peu importe si, parfois, il y a des pannes ; l'essentiel est que je puisse rester à attendre que l'inspiration revienne, sans autres préoccupations en tête.

Six mois à l'avance, j'informai les personnes que j'accompagnais que j'allais me retirer pour écrire et que je devrais cesser de les recevoir pendant cette période. Je pus constater que cette simple annonce eut pour conséquence d'accélérer le processus d'évolution et de transformation de certaines d'entre elles. Comme si ma propre cohérence par rapport à mes intentions essentielles motivait la leur. D'autres, au contraire, m'en voulurent de les abandonner. J'avais déjà fait face à ce genre de reproches lorsque j'avais arrêté de pratiquer la chirurgie. Cette fois, je fis remarquer aux mécontents que mon travail consistait à leur apprendre à développer une plus grande conscience d'eux-mêmes afin qu'ils puissent avancer dans leur existence avec discernement et autonomie. Il me paraissait donc essentiel de témoigner de ce discernement et de cette autonomie à travers mes propres actions. Sinon, j'aurais été un imposteur. Je ne voulais pas servir de biberon. L'important était que chacun assume la responsabilité de son travail de conscience. Ce n'est sans doute pas un hasard si les personnes les plus mécontentes furent celles qui n'avaient jamais commencé à tenir un journal, comme je leur avais pourtant recommandé de le faire. Elles n'étaient pas motivées à devenir plus autonomes dans leur travail psychologique.

Beaucoup de thérapeutes se plaignent de la dépendance de leurs patients. Je crois que, souvent, celle-ci est à la mesure de leur propre dépendance vis-à-vis de ceux qu'ils accompagnent. Il paraît difficile de convaincre autrui d'emprunter un chemin que nous n'avons pas encore parcouru nous-mêmes. La responsabilité de tout thérapeute est, selon moi, de précéder ses patients dans les expériences qu'il les invite à faire. Il ne s'agit pas d'avoir tout compris et tout résolu, mais, au minimum, d'être capable de traverser ses propres peurs, de dépasser ses propres inhibitions et de cheminer avec honnêteté, intégrité et bonne volonté. C'est cette cohérence qui fera la différence, dans le sens où elle servira d'exemple pour le patient et lui prouvera que la théorie peut devenir une pratique.

J'ai toujours pensé que le travail du psychothérapeute n'a de sens que s'il est accompagné d'une exigence de résultat. Il ne s'agit pas simplement d'écouter, de rassurer, d'interroger et de conseiller, ni de témoigner de la compréhension et de la compassion ; il faut, en plus, insister sur l'importance du « travail » entre les séances. Celui-ci implique une pratique quotidienne, par exemple au moyen d'un journal, d'exercices comme la méditation en pleine conscience ou le qigong, de lettres destinées à clarifier les relations interpersonnelles, de mises en situation concrètes à travers lesquelles celui qui dit vouloir évoluer ose se confronter à ce qui lui fait peur. Lorsque ces conditions ne sont pas remplies, je préfère mettre un terme à mon accompagnement, car, d'expérience, j'ai constaté qu'il ne sert alors à rien. Bien sûr, avant d'en arriver là, je veille à prendre l'autre par la main, je l'invite à identifier ses propres résistances au changement et j'essaie de lui faire comprendre que l'on ne choisit jamais de s'engager pour quelqu'un d'autre que soi-même.

*

Je connais bien les résistances que nous sommes capables d'opposer à notre propre progression. Cela s'appelle de l'autosabotage – un art que j'ai abondamment pratiqué durant la rédaction de *La Solution intérieure*. Il faut dire que cette aventure commença d'une manière un peu chaotique. Au moment où je m'apprêtais à proposer mon projet à Abel Gerschenfeld, ce dernier quitta les éditions Robert Laffont pour assumer de plus importantes responsabilités au sein d'une autre maison. Ironie de la vie. J'étais enfin sur le point de lui donner le texte qu'il attendait, et il s'en allait. Nicole Lattès, qui prit le relais, ne semblait pas comprendre ce que je voulais faire. Lorsque, dans un geste maladroit, elle renversa sa tasse de café sur le synopsis que je lui avais apporté, je sus que mon bébé avait besoin d'un autre berceau. J'étais désespéré.

Dans ma candeur de jeune auteur, j'avais signé un contrat de préférence pour trois livres chez Robert Laffont. Je ne pouvais donc pas confier mon manuscrit aux bons soins d'une autre maison, à moins de promettre d'écrire un troisième livre pour Robert Laffont. C'est ce que je fis, car j'étais prêt à tout pour retrouver ma liberté. En effet, quelques semaines auparavant, j'avais rencontré Henri Trubert, qui allait devenir l'éditeur de ma *Solution intérieure*.

À l'instar de ma rencontre avec Abel, celle avec Henri mérite également d'être racontée, car elle m'a beaucoup appris sur l'absurdité de ma négativité. Dans les semaines qui suivirent ma rencontre ratée avec Nicole Lattès, je fus plongé dans une sorte de paralysie mentale. Je n'arrivais plus à me projeter dans le futur, j'étais incapable d'écrire une ligne, je ne comprenais même plus les concepts que j'essayais de clarifier. Je passais des journées entières assis derrière mon bureau, prostré dans mon désespoir, en attendant un miracle. « Lorsqu'on ne sait plus par où aller, il vaut mieux rester sur place et attendre un signe », avais-je écrit dans mon journal.

Puis, un matin, je décidai de me rendre à Paris pour visiter l'exposition « Pharaon », à l'Institut du monde arabe. L'Égypte a toujours été mon refuge.

Quand je suis un peu découragé, il me suffit d'acheter une revue ou un livre sur la civilisation pharaonique pour retrouver de l'énergie et de l'espoir. Après la visite de l'exposition, moment de pur bonheur, je regagnai l'appartement de mon ami Jean-Philippe de Tonnac, excellent auteur et journaliste qui, à l'époque, travaillait pour *Le Nouvel Observateur*. Jean-Philippe fait partie de ces gens qui ont vu avant moi le potentiel qui était en moi ; très tôt, il m'a encouragé à écrire et, en 1999, m'avait commandé un article pour un numéro hors série du *Nouvel Observateur*.

Le lendemain, alors que j'étais en train de faire ma toilette, mon ami, posté derrière la porte de la salle de bains, m'avoua être préoccupé par mon état d'esprit. Je ne l'avais pas habitué à tant d'inertie et de défaitisme. Gentiment, il proposa de me présenter un de ses amis, éditeur chez Fayard. Je lui répondis que cela ne m'intéressait pas. Mais, au moment même où je lui disais cela, je pris conscience de ma négativité. Comment pouvais-je me montrer aussi fermé à une telle proposition, moi qui exhortais les personnes que j'accompagnais à s'ouvrir à la vie et à dire « oui » à ce qui se présentait sur leur chemin ? Je n'étais absolument pas cohérent par rapport à ma conviction profonde, selon laquelle la confiance, l'ouverture et la fluidité sont les conditions indispensables à l'expression d'une pleine vitalité. J'étais totalement coupé de mon Essence, prisonnier de l'emprise de mon Ego. M'en rendre compte m'obligea à revoir ma position, et je finis par dire « oui » à l'invitation de Jean-Philippe.

C'est ainsi que, le 16 novembre 2004, je rencontrai Henri Trubert. Je me souviens de ce déjeuner dans un restaurant de la rue de Seine, dans le VIe arrondissement de Paris. Je me sentis tout de suite « confortable » ; mon intuition me disait que quelque chose d'important était en train de se produire. « En fait, vous allez écrire le livre que j'attends depuis longtemps », me dit Henri. Je sus alors que j'avais trouvé le berceau que je cherchais pour ce gros bébé en gestation. Dès le lendemain, je pris rendez-vous avec Nicole Lattès pour plaider la cause de ma rupture de contrat avec les éditions Robert Laffont. Je lui proposai de lui confier un livre que j'avais déjà en projet, intitulé *Vivre le cancer du sein... autrement* – un hommage aux nombreuses femmes que j'ai accompagnées dans l'épreuve de cette maladie et de son traitement. Et je me remis aussitôt à écrire ma *Solution intérieure*.

La vie est comme une musique, j'oserais même dire une mathématique. Elle a ses règles et ses lois. Parmi celles-ci, la loi de causalité exerce une influence fondamentale sur nos destinées. La loi de la positivité, également. J'étais enfermé dans une logique dépressive, un cercle vicieux absolument négatif. Le fait de me remettre en mouvement, de m'offrir le plaisir d'une exposition égyptologique à Paris et, finalement, de répondre positivement à la proposition de Jean-Philippe me propulsa hors de cette spirale négative. La vie se remit à couler, en moi et à l'extérieur de moi.

*

L'écriture de *La Solution intérieure* n'a pas duré six mois, comme je l'avais escompté, mais quinze. Quinze mois durant lesquels j'ai beaucoup appris sur moi-même et sur les mouvements de la vie. Ingestion, digestion, assimilation, intégration, création, expulsion.

Les informations que je sélectionnais dans la littérature scientifique suivaient leur propre cycle. Je dus donc me plier à la lenteur du processus, à ses accélérations aussi, parfois. Lorsque je sentais un blocage, je quittais ma table de travail pour danser. J'ai beaucoup dansé durant ces quinze mois. J'aurais dû ajouter les noms de George Michael, Britney Spears et Madonna à la liste des personnes remerciées en fin d'ouvrage. Le rythme très premier de leur musique me reconnectait à la terre ; je quittais l'univers de mes pensées, encombré d'interrogations et de réponses, pour descendre dans mon ventre et dans mes pieds. Automatiquement, mes pensées s'allégeaient ; elles s'aéraient, se délestaient du superflu et revenaient à l'essentiel. La fluidité s'installait en moi et, sur l'écran de mon ordinateur, mon texte reprenait de la couleur et du relief.

Écrire ce livre fut pour moi l'occasion d'une véritable guérison intérieure. Et, d'une manière étonnante, cela produisit un tas de guérisons à l'extérieur, autour de moi. De nombreuses boucles se bouclèrent. La première fut celle de ma carrière médicale. Pendant les neuf années qui s'étaient écoulées depuis l'arrêt de mes activités chirurgicales, je n'avais revu pratiquement aucun de mes confrères. Certains habitaient près de chez moi, mais je ne les rencontrais jamais, ni chez le libraire, ni chez le boulanger, nulle part. Puis, comme par enchantement, après la parution de *La Solution intérieure* le 1er février 2006, je commençai à croiser quelques-uns d'entre eux dans la rue. D'autres vinrent assister à la conférence que je donnai à Bruxelles pour présenter l'ouvrage. Cette conférence fut un moment très émouvant. Parmi le millier d'auditeurs qui s'étaient entassés dans cette salle trop petite figuraient, assis sur les escaliers, mes anciens patrons, les chefs des services d'urologie des universités de Louvain et de Bruxelles. Dans les jours qui suivirent, je reçus de nombreux témoignages de gratitude de la part de médecins qui me dirent être en phase avec la manière intégrative dont j'envisageais la médecine. Et, quelques mois plus tard, je fus invité à prendre la parole devant la Société belge d'urologie, dont le président me nomma membre d'honneur. Je réalisai alors le chemin parcouru.

Ces retrouvailles médicales me rendirent très heureux, car elles manifestaient la paix que je souhaitais en moi et autour de moi. Dans *Vivre en paix*, j'avais écrit que cette paix était l'énergie de la guérison. Tout simplement parce qu'elle est l'amour. Non pas cet amour névrotique qui est synonyme d'attachement, de volonté de contrôle, de possession et de domination, mais cet amour inconditionnel qui est respect mutuel, partage et communion autour de l'essentiel. C'est précisément cette communion qu'il me fut donné de vivre à l'occasion du bouclage d'une autre boucle de ma vie : celle de mon passage éclair au sein de la société Armani. Deux ans auparavant, j'avais animé un séminaire pour des chefs d'entreprise en Toscane – une région d'Italie dont j'aime la douceur des paysages et la richesse du patrimoine, vestige de cette époque fascinante que fut la Renaissance. Je m'y étais lié d'amitié avec un des participants, un Belge qui vivait là, au milieu des champs d'oliviers. Peu de temps après la parution de *La Solution intérieure*, cet ami m'appela pour me dire que son voisin me connaissait. L'homme s'appelait Giuseppe Brusone et s'était retiré des affaires pour réaliser le rêve de son enfance : devenir propriétaire d'une ferme en Toscane. Pino (c'est ainsi que l'appellent ses amis) m'invita dans sa ferme. Nous tombâmes dans les bras l'un de l'autre et, depuis, nous passons régulièrement du temps ensemble. Ainsi, au-delà des rôles d'employeur et d'employé que nous avions joués neuf ans plus tôt, nous sommes parvenus, Pino et moi, à nous rencontrer au niveau de l'essentiel. J'ai pu lui dire la chance qu'avaient été mon licenciement et l'indemnisation qu'il avait consenti à m'octroyer alors. Une indemnisation que j'ai toujours considérée comme un cadeau de la vie.

Chaque fois que je raconte ces différents épisodes de mon parcours, j'ai peur d'être pris pour un fabulateur. Cela paraît trop simple, trop beau, trop plein de bons sentiments. C'est pourtant comme cela que les choses se sont passées. Bien sûr, notre mémoire n'est pas complètement fiable ; à mesure que nous avançons dans l'existence, nous reconstruisons notre réalité pour donner du sens à ce que nous avons vécu. Cela nous permet de redéfinir notre identité en vue de ce qui nous reste à vivre. Je suis donc heureux de pouvoir m'en référer à mes journaux intimes. C'est une source de souvenirs extrêmement précieuse, beaucoup plus objective que ma mémoire. Cela ne veut pas dire que l'interprétation des faits qui sont consignés dans ces carnets est totalement dépourvue de subjectivité. Toutefois, malgré ces remarques circonspectes, je crois pouvoir dire que la vie est généreuse pour celui qui accepte de la vivre sans trop de peur, avec humilité et générosité.

« La vie est généreuse pour celui qui vit sa légende personnelle. » La première fois que je lus cette phrase, ce fut sur le bandeau de *L'Alchimiste*, de Paulo Coelho.

Un livre que je n'ai toujours pas lu à ce jour, et qui pourtant constitue l'un des plus beaux cadeaux que l'on m'ait faits. C'était à l'automne 1997. Je pratiquais la chirurgie à l'université de Bruxelles et, comme je l'ai raconté au début de ces *Confidences*, je n'étais pas heureux. L'un de mes patients, qui souffrait d'un cancer de la prostate avec des métastases osseuses, m'avait fait promettre de ne pas prolonger sa vie inutilement. « Je veux éviter tout acharnement thérapeutique », m'avait-il dit. Cela m'avait paru très sage, mais je ne m'attendais pas à le retrouver un jour dans mon bureau de consultation, avec toute sa famille, m'annonçant qu'il était prêt à mourir. « Je souffre trop, m'expliqua-t-il alors. Je n'ai plus de raisons de prolonger mon existence. Toute ma famille est d'accord, je peux m'en aller. » Il voulait que je l'aide à mettre fin à ses jours. Je lui fis remarquer que ce n'était pas ce que je lui avais promis ; entre ne pas prolonger une vie vouée à une fin proche et en écourter la durée, il y avait un pas que je n'étais pas prêt à franchir. Le patient insista, avec l'assentiment de sa sœur, de ses nièces et de ses neveux. J'avais entendu sa demande de ne plus souffrir ; je lui proposai donc de l'hospitaliser pour lui administrer les drogues analgésiques nécessaires. Si celles-ci abrégeaient sa vie, cela ne me posait aucun problème éthique : j'avais prêté le serment d'Hippocrate, dans lequel il est clairement stipulé que le médecin n'est pas tenu de guérir les malades mais bien de les soulager, toujours. Je savais que, en injectant à ce patient de fortes doses de morphine, il finirait par plonger dans le coma et que, rapidement, sa respiration s'arrêterait. Je l'avais prévenu de cette perspective. Il m'avait souri, les yeux emplis de gratitude.

Le lendemain, en arrivant dans le service d'hospitalisation, j'appris que le patient était décédé pendant la nuit. Comme prévu, il s'était éteint doucement, entouré des siens. Son corps avait été transporté à la morgue. L'infirmière en chef m'informa que la sœur de cet homme avait laissé sur le bord de son lit un paquet à mon intention. C'était *L'Alchimiste*. Lorsque je découvris la phrase inscrite sur le bandeau, je fus pris d'une sorte de malaise, comme si ces mots venaient réveiller un questionnement au plus profond de moi.

Les mois passèrent. Le 24 décembre de cette année 1997, je quittai le service pour quelques jours de vacances. Je devais prendre mes nouvelles fonctions le 5 janvier suivant à l'institut Bordet. Contrairement à mes habitudes, cette année-là, j'éprouvai le besoin d'envoyer une carte de vœux à ma famille et à mes amis. Au dos, j'écrivis : « La vie est généreuse pour celui qui vit sa légende personnelle (Paulo Coelho). Bonne année. Thierry. » J'ignorais que, quelques jours plus tard, je déciderais de vivre *ma* légende personnelle.

Je pense que le fait de remettre ma cohérence au service de mon Essence, à travers un acte aussi franc et définitif que celui de quitter le métier dans lequel je m'étais investi depuis longtemps, a créé un axe énergétique extrêmement solide autour duquel la vie est venue se réorganiser d'une façon fluide et joyeuse. Car la vie conspire à créer de la vie, et ce qui est pleinement vivant est fluide et joyeux. Mettre notre cohérence au service de la partie apaisée et essentielle de nous-même est un acte de vie fondamental, un acte vital. J'ai compris cela non pas d'un point de vue intellectuel, mais de l'intérieur, à travers les sensations de mon être, jusque dans les moindres recoins de mon corps. Cela m'a rendu extrêmement sensible. Dès que je perds ma connexion avec ce qui fait mon Essence, je sens la vie qui me quitte ; mon corps se tend, ma pensée se ferme, je me rigidifie, mon humeur s'obscurcit, mes peurs réapparaissent, mes défenses se réactivent, je me protège, je cherche à manipuler et à contrôler, je me sépare des autres. Dès que je me reconnecte à cette Essence, je sens la vie qui m'envahit ; mon corps se détend, ma pensée s'ouvre, je me décontracte, je me fluidifie comme l'eau qui fait la vie, mon humeur se réjouit, j'éprouve une joie qui surgit sans raison particulière, mes peurs font place à la confiance, je retrouve la foi en moi et en la vie, je suis rempli d'espoir, tout me paraît avoir un sens, je me sens relié aux autres. Je repère alors dans mon environnement ce qui est propice à l'expression de ce qui m'est essentiel ; je suis attiré par des personnes qui peuvent conspirer avec moi à ce projet et, en retour, ces personnes sont attirées par moi, car elles et moi dégageons les signaux de l'Essence. Ne dit-on pas que « qui se ressemble s'assemble » ?

*

La loi d'attraction qui régit les interactions humaines agit à tous les niveaux du vivant. Elle préside aux liens qui font la trame de la vie. Plus nous prêtons attention à la subtilité de cette trame, plus nous avons la possibilité d'en comprendre la logique. Il existe un jeu de causes et d'effets qui sous-tend ces rapprochements. Sensible à la dimension énergétique de la vie, je préfère parler d'une loi de résonance qui provoque la mise au diapason de différentes intentions, l'alignement de différentes énergies et la synergie entre différentes forces. À ce stade de ma compréhension, je pense pouvoir dire que cette loi de résonance crée ce que nous appelons les synchronicités.

Diverses explications ont été proposées pour élucider le mystère de ces coïncidences qui ne semblent pas dues au hasard. Les « théories extérieures » prétendent que certains signes apparaissent dans notre environnement, comme si quelqu'un ou quelque chose cherchait à nous guider dans notre projet. Les « théories intérieures » affirment que c'est nous qui remarquons certains détails dans notre environnement parce qu'ils ont un sens par rapport à nos intentions et participent de notre projet. Quelle que soit l'explication à laquelle on se réfère, il paraît évident que les synchronicités sont toujours le résultat d'une rencontre entre notre réalité intérieure et la réalité extérieure. Le fait que nous les remarquions nous renseigne au moins sur un point : nous reconnaissons dans la réalité extérieure la représentation de ce que nous pressentons être notre réalité intérieure. C'est, je crois, la raison pour laquelle les moments magiques que sont les synchronicités se produisent – ou sont perçus – en plus grand nombre et plus fréquemment au cours des périodes de changements. Tout changement implique en effet une phase de chaos durant laquelle, de façon non consciente, dans l'intimité de notre être, quelque chose est appelé à se réorganiser. Cette réorganisation s'opère grâce à la cohérence que nous mettons au service de nos désirs et de nos intentions. Plus nous sommes cohérents, plus nous sommes sensibles aux « faux hasards ». Cela nous aide à donner un nouveau sens à notre existence.

J'aime remarquer les synchronicités. C'est peut-être pour cela que je peux en décrire beaucoup dans mon parcours. Je les consigne dans mon journal et, chaque fois, je suis émerveillé par la pertinence de leur message. Je suis tout autant attentif aux synchronicités « positives », comme celles que j'ai rapportées dans les pages qui précèdent, qu'aux « négatives ». Ces dernières se manifestent sous la forme de retards, de résistances, de blocages, d'annulations, de rencontres manquées… Lorsque je me donne la peine de replacer ces contrariétés dans leur contexte, je m'aperçois qu'elles surviennent dans deux types de circonstances. Soit je suis guidé par la logique névrotique de mon Ego ; mon comportement impatient, pressé, manipulateur, voire dominateur, est alors à l'origine de résistances et de contretemps qui sont autant d'opportunités d'apprendre à faire confiance et à lâcher prise. Soit j'agis selon la logique apaisée de mon Essence ; dans ce cas, la sagesse de mes intentions participe à la genèse de résistance et de contretemps qui m'évitent de tomber dans les pièges où la facilité et l'empressement m'auraient précipité. Ainsi, j'essaie toujours de comprendre ma part de responsabilité dans le jeu de résonances provoquant ce qui, en apparence, ressemble à de l'infortune et qui, en réalité, peut se révéler une félicité.

Les synchronicités positives, quant à elles, m'indiquent que je suis en train d'accomplir quelque chose qui m'est essentiel. Je les considère comme des clins d'œil que la vie m'adresse. Ou plutôt, préférant penser que je suis responsable de ce qui m'arrive au lieu d'imaginer que le monde extérieur conspire à l'expression de mon Essence, je les considère comme des clins d'œil que je m'adresse à moi-même dans le but de me conforter dans ma démarche. J'éprouve alors le réel bonheur de vivre une existence enchantée et pleine de sens.

Je ne résiste pas au plaisir de raconter ici une synchronicité particulièrement chargée de sens et qui a marqué le début de la rédaction de ces *Confidences*. Au moment de mon arrivée en Égypte, où je prévoyais d'écrire ce livre, je reçus un appel téléphonique d'une amie belge, restauratrice de peintures anciennes. Elle m'annonça qu'elle séjournait elle aussi à Louxor dans le cadre d'une mission de l'université de Bruxelles consacrée au déblaiement et à la conservation de la chapelle haute de la tombe de Sennefer, dans la nécropole de Cheikh Abd el-Gourna. L'endroit se trouvant à quelques minutes à pied de celui où je m'étais retiré pour écrire, elle me proposa de lui rendre visite sur le chantier de fouilles afin d'admirer les fresques qu'elle venait de restaurer. Après avoir demandé l'autorisation à Laurent Bavay, l'égyptologue responsable de la mission, mon amie me fixa un rendez-vous pour le 5 février en milieu de journée. L'idée me remplit de joie.

Le jour dit, je profitai de la matinée pour avancer dans l'écriture. C'était le passage consacré à ma rencontre avec Arpag Mekhitarian, l'égyptologue de la Fondation Reine Élisabeth. Vers midi, je me rendis à Cheikh Abd el-Gourna. J'eus la surprise d'y découvrir non seulement les fresques de la chapelle haute de la tombe de Sennefer, mais aussi celles d'une tombe voisine récemment mise au jour par l'équipe de Laurent Bavay. Le fait de visiter ce chantier de fouilles juste après avoir raconté sur le papier ma passion pour la civilisation pharaonique m'amusa beaucoup. Mais le plus étonnant fut lorsque Laurent Bavay me confia que c'était justement Arpag Mekhitarian qui, peu de temps avant son décès, avait conseillé aux chercheurs de l'université de Bruxelles de s'intéresser à ce secteur ; d'après lui, il y avait d'intéressantes découvertes à y faire. Ainsi, par le plus heureux des « hasards », j'ai eu la chance de visiter une tombe découverte grâce aux conseils de mon mentor, et ce le jour même où j'ai relaté ma rencontre avec lui, survenue quarante années auparavant. Voilà un joli clin d'œil qui ne me parut pas dénué de sens.

*

Le succès rencontré par *La Solution intérieure* m'obligea à me poser la question du sens. Tout d'abord à un niveau personnel. Contrairement à ce que j'avais imaginé, les nombreuses sollicitations dont je fis l'objet après sa parution ne m'apportèrent pas de réelle satisfaction. Au contraire, très vite, j'éprouvai de l'agacement ; je me sentais envahi, harcelé, prisonnier d'un rôle que je n'avais pas envie de jouer. Certes, j'avais tout fait pour que l'on s'intéresse à mon travail et, indirectement, à ma personne, mais, ce faisant, je n'avais cherché qu'à combler des besoins narcissiques. Je n'étais plus en lien avec l'essentiel. Il me suffisait d'écouter le langage de mon corps pour m'en rendre compte : mes muscles étaient contractés, mes articulations douloureuses. Quant au langage de mon âme, il ne faisait que confirmer que je m'éloignais du Soi : j'éprouvais une grande lassitude, de l'énervement et parfois même du désespoir. Les seuls moments où je retrouvais ma joie étaient ceux que je vivais chez moi, au calme, avec François ou avec des amis, ou bien au cours de mes conférences, lorsque je me laissais porter par le flot des mots avec spontanéité et générosité. Malheureusement, les longs déplacements que je devais effectuer pour donner ces conférences, les nuits passées loin de la maison et l'obligation de participer à certaines mondanités me pesaient énormément. Pourtant, je me les imposais parce que mon Ego était prêt à beaucoup de choses pour obtenir la reconnaissance.

Je l'ai dit, ma joie est le meilleur indicateur de ma connexion à mon Essence. À la fin de l'année 2007, je n'étais plus joyeux du tout. C'est alors que j'ai commencé à me poser la question du sens d'un point de vue plus professionnel. Je me rends compte aujourd'hui que c'était un moyen déguisé de m'interroger sur le sens de ma propre existence, une façon douce de poser des questions à mon Ego, qui n'était pas encore prêt à abandonner ses défenses.

J'avais acquis la réputation d'un médecin à l'esprit ouvert. Beaucoup de gens me consultaient dans l'espoir que je validerais l'idée selon laquelle leur maladie était la conséquence d'un problème psychologique. Si je ne rejetais pas totalement cette hypothèse, je n'étais pas d'accord avec certains de ces patients pour considérer leurs difficultés psychologiques comme la cause exclusive des pathologies dont ils souffraient. Plus mes consultations se remplissaient, plus je me rendais compte du fossé qui existe entre les malades en quête d'une explication à leur problème et les médecins conventionnels qui se contentent de les soigner comme on répare une machine. Le besoin d'attribuer un sens à nos expériences est un besoin fondamental, en particulier lorsque nous sommes confrontés au chaos de l'existence. Or la maladie est une période de chaos. Tous les sorciers le savent : donner un sens au mal peut aider à le guérir, même si l'explication ne repose sur aucune réalité. Malheureusement, de nombreux médecins ont oublié que, en plus d'être des prescripteurs de remèdes et des utilisateurs de technologies, ils sont aussi des sorciers. Du coup, bien des malades en quête de sens consultent d'autres thérapeutes, parmi lesquels figurent ce que j'appelle des « donneurs de sens ».

Très tôt dans ma pratique thérapeutique, j'ai été scandalisé par l'attitude de cette catégorie de thérapeutes. Je constatais les dégâts que provoquait leur désir de toute-puissance les conduisant à imposer un sens préétabli aux malades qui les consultaient. Certains d'entre eux allaient jusqu'à encourager leurs patients à abandonner tout traitement médical au profit d'un travail psychologique censé leur permettre de se débarrasser du conflit émotionnel supposé être à l'origine de leur pathologie. C'était, promettaient-ils, l'assurance d'obtenir la guérison. Il me paraît tellement plus juste d'aider chacun à trouver le sens qu'il souhaite attribuer à son expérience. De fait, mon parcours de vie m'a conduit à épouser une philosophie humaniste et existentialiste. « Au lieu de se demander si la vie avait un sens, il fallait s'imaginer que c'était à nous de donner un sens à la vie à chaque jour et à chaque heure », a écrit le psychiatre Viktor Frankl peu de temps après avoir été libéré des camps de concentration nazis. La lecture de son très beau livre, *Découvrir un sens à sa vie*, reste pour moi une source d'inspiration de toute première importance. Comme en témoigne si bien Frankl, assumer notre responsabilité face à la question du sens permet d'exercer notre liberté et, surtout, de retrouver notre dignité. C'est précisément cette dignité que les malades ont besoin de pouvoir se réapproprier.

C'est la raison pour laquelle j'ai écrit *La maladie a-t-elle un sens ?*, un livre que j'ai sous-titré *Enquête au-delà des croyances*. Mon propos n'était pas de condamner nos différentes croyances à propos de la maladie et de la vie, mais plutôt de nous encourager à retourner à l'essence des choses, là où ce qui aide à guérir et à vivre est avant tout la fluidité dont nous sommes capables mentalement et physiquement, la confiance qui est nécessaire pour développer cette fluidité, et la cohérence que nous pouvons mettre au service de la pleine vitalité ainsi retrouvée. « Fluidité, confiance et cohérence » était le nom de l'atelier que j'animais à cette époque avec des groupes de malades. J'y ai vécu des moments très émouvants. Après avoir invité les participants à bouger leur corps afin qu'ils prennent conscience de la perte de leur fluidité, je leur demandais de modeler dans de la terre glaise ce qu'ils avaient éprouvé. Les objets et les figurines qu'ils produisaient étaient d'une touchante simplicité et d'une criante vérité. Chaque fois, c'était l'occasion pour moi de me rappeler que nous avons tous été des enfants blessés et que, à bien des égards, nous le restons tout au long de notre vie. Exprimer ces blessures et ces souffrances à travers l'art est un moyen merveilleux de recontacter notre humanité et notre humilité.

L'humilité. Il en faut beaucoup pour accepter notre propre complexité. Parler de besoins égotiques et de besoins essentiels, comme je l'ai fait dans ces *Confidences*, ne suffit pas pour décrire la réalité à laquelle nous sommes confrontés. Il y a tant de nécessités contradictoires en nous, tant d'intentions antagonistes. Ainsi, nos aspirations à l'ouverture et au changement peuvent entrer en conflit avec notre souci de préservation et de continuité ; le désir d'autonomie et de liberté ne s'accommode pas toujours de la volonté de respecter les traditions et de créer un maximum de sécurité. De la même manière, notre besoin de nous affirmer étouffe souvent notre envie de nous dépasser et de mettre notre existence au service de quelque chose de plus vaste que nous-mêmes. Nous sommes un paradoxe. Notre vie est un compromis, une tentative pour maintenir un équilibre entre des pulsions contraires. Rien n'est jamais acquis. Je me méfie des gens qui disent avoir tout compris, être capables de tout maîtriser et avoir atteint la complète sérénité. Je me demande si cet idéal est atteignable tant que l'on est vivant. La vie est une dynamique complexe qui résulte de la rencontre de forces opposées. Être vivant, c'est faire l'expérience de ce mouvement permanent, en nous et à l'extérieur de nous. Je crois que nous pouvons développer suffisamment de conscience pour discerner les forces en présence et choisir au service desquelles nous souhaitons exister ; je ne crois pas que nous puissions échapper aux tensions qui nous obligent à faire notre choix.

Plus j'avance, plus j'ai le sentiment d'être éveillé à la complexité de ce que je suis, de ce que sont les autres, de ce qu'est la vie. Cela me donne plus de responsabilité, dans le sens où cela m'oblige à ne pas tricher par rapport à ce que j'affirme être mes intentions essentielles. Plus on est conscient, plus on se doit d'être cohérent par rapport à son Essence. Car le fait d'être plus conscient rend plus sensible, et cette sensibilité provoque un réel inconfort lorsque, dominés par notre Ego, nous trahissons nos aspirations essentielles. Je suis devenu plus sensible, je n'arrive plus à m'imposer ce que je m'imposais auparavant. Je ne peux plus tricher longtemps : très vite, mon humeur s'assombrit et mon corps manifeste des symptômes désagréables. Et si je n'écoute pas ces signaux d'alarme, je tombe malade. « Tu es devenu fragile », m'a dit un ami. Je ne crois pas qu'il s'agisse de fragilité. Au contraire, cette sensibilité est ma meilleure alliée, car elle m'empêche de m'épuiser avant qu'il ne soit trop tard. Mes consultations sont remplies de personnes qui, dominées par leurs aspirations névrotiques, ont triché trop longtemps, dans un monde où la tricherie collective est valorisée au prétexte qu'elle permet de calmer les peurs et d'assouvir les besoins égotiques. On considère que 70 à 90 % de toutes les pathologies traitées en médecine sont en partie liées au stress. Et, parmi les autres facteurs incriminés, on identifie toutes sortes de conséquences dues aux déséquilibres créés par la logique névrotique de notre civilisation industrielle : pauvreté, carences nutritionnelles ou au contraire excès (par exemple de sucre raffiné ou de graisses saturées), pollutions toxiques et malheureusement souvent invisibles… La liste est longue et extrêmement inquiétante.

Loin de moi l'idée de faire la leçon à quiconque, car je sais combien il est difficile d'échapper à la logique névrotique de l'Ego. La meilleure preuve en est l'état dans lequel je me suis retrouvé en 2009, quelques mois après la parution de *La maladie a-t-elle un sens ?*.

*

Peu de temps après l'apparition de ma paralysie faciale, je « vis » le livre que j'allais être amené à écrire dans un futur proche. Et, d'emblée, je sus que je le ferais en Égypte. En fait, je souhaitais réparer les conséquences de mon délire égotique par un acte en rapport avec un besoin essentiel. Vivre en Égypte correspondait à ce genre de besoin. Depuis mon premier voyage dans la vallée du Nil, à l'âge de vingt-deux ans, j'y étais retourné une dizaine de fois, le plus souvent en compagnie d'amis qui me demandaient de les guider à travers « mon » pays. Cela s'accordait parfaitement avec le rôle d'enseignant que j'avais appris à jouer pour m'assurer l'affection d'autrui. Cependant, à la longue, j'étais frustré de passer plus de temps à partager ma passion avec les autres qu'à la vivre de l'intérieur, en me laissant toucher par les paysages et les monuments face auxquels je me trouvais. Je m'étais donc promis d'y retourner seul et, si possible, d'y vivre pendant quelques mois. C'était le bon moment pour honorer cette promesse.

Ainsi, de janvier à mai 2010, je me retirai à Medinet Habu, en face de la ville de Louxor. Je logeais sur la rive ouest du Nil, en plein milieu de la campagne égyptienne, dans une maison en briques de boue séchée située tout près du temple de Ramsès III, au pied de la montagne thébaine. Je n'aurais pu rêver d'un meilleur endroit pour écrire. C'était exactement le lieu où, lors de mon premier voyage en Égypte, j'avais écrit dans mon carnet de notes que j'aimerais vivre là. Une nouvelle boucle semblait vouloir se boucler. Et, une fois de plus, c'est une rencontre faite plusieurs années auparavant qui a permis que cela se produise : en organisant un voyage sur le Nil pour mon ami Daniel, qui venait d'être opéré d'un cancer, j'avais fait la connaissance d'Éléonore et d'Enrique, les propriétaires de la dahabieh sur laquelle nous naviguions. Ce sont eux qui ont facilité mon séjour à Medinet Habu.

Mes livres ont toujours été en phase avec mon évolution personnelle. Je ne les ai jamais écrits sur commande ; ils se sont toujours imposés à moi, comme si j'avais l'obligation de chercher une réponse aux questions essentielles que je me pose. L'épisode de ma paralysie faciale m'avait confronté à la question de la cohérence ; j'écrivis donc un texte intitulé *Principes de cohérence*, sous-titré un peu pompeusement *À l'usage de ceux qui cherchent le bonheur et la bonne santé*. Fidèle à mon rôle d'enseignant, je commençai par définir le mot « cohérence ». Celui-ci vient du latin *coherentia*, lui-même issu de *cohaerere*, qui signifie « être attaché ensemble ». J'expliquai que je préférais « cohérence » à « congruence », du latin *congruentia*, issu de *congruere*, que l'on traduit plutôt par « être d'accord » ou « se rencontrer ». Si la congruence exprime une idée proche de la cohérence, depuis le XIXe siècle l'usage du terme est plus spécifiquement réservé aux mathématiques. De plus, le mot « cohérence » est apparenté à celui de « cohésion », qui insiste sur la notion de lien. Il y a une nuance, toutefois : la cohésion désigne avant tout la force qui unit entre elles les différentes parties d'une substance matérielle, d'un système, d'une personne, d'un groupe ou d'une société ; elle décrit donc l'aspect physique des liens existant au sein d'une organisation. La cohérence, quant à elle, traduit davantage la logique qui préside à l'établissement et au maintien de ces connexions ; elle sous-entend l'émergence d'un ordre et d'une harmonie et, de ce fait, se révèle être un gage de réussite.

La cohérence exprime l'absence de contradiction, les liaisons étroites entre les différentes parties d'un individu, d'une famille ou d'un système social et leur caractère homogène ; elle décrit le rapport logique et harmonieux entre les étapes d'un raisonnement, ou l'enchaînement d'un ensemble de faits ; elle définit la qualité d'un tout qui présente de l'ordre, dégage du sens et exprime des valeurs. Une personne est pleinement cohérente lorsque ses attentes, ses intentions, ses propos, son langage verbal et non verbal, ses émotions, ses postures et ses actes s'accordent et se trouvent alignés sur un même axe, orientés dans une même direction. Toute son énergie est alors focalisée vers un seul but. L'absence de contradiction entre ses intentions, son discours et ses actions lui permet d'éviter le gaspillage d'effort et de temps. Elle atteint son objectif plus rapidement et plus facilement. D'autant plus que la cohérence dont elle fait preuve génère chez elle un charisme qui incite les autres à l'aider et à l'accompagner dans ses projets. Car, à l'instar du courage, la cohérence est admirée, enviée et récompensée.

Dans le texte rédigé au cours de ma retraite égyptienne, j'insistais sur le fait que, malgré ses aspects positifs, la cohérence n'est pas une vertu ou la traduction d'un précepte moral ; elle n'est qu'un outil ; ses conséquences dépendent de l'intention au service de laquelle on la met. Lorsque cette intention naît de la logique névrotique de notre Moi égotique, les conséquences finissent toujours par être synonymes de séparation et de manipulation, de tensions et de conflits, de crises et de chaos, d'épuisement et de souffrance. Lorsque cette intention est inspirée par la logique apaisée de notre Soi essentiel, les conséquences ont toutes les chances de ressembler à l'union et à la réconciliation, à la détente et à l'entente, à l'ordre et à l'harmonie, à la fluidité et à la vitalité.

Adolf Hitler était quelqu'un de très cohérent par rapport à la logique de son Ego, à ce point façonné par ses peurs qu'il en était devenu paranoïaque. Le Mahatma Gandhi, sœur Emmanuelle ou mère Teresa l'étaient tout autant, mais au service d'intentions moins pathologiques et beaucoup plus essentielles. En notre for intérieur, nous savons combien il est difficile de rester en contact avec notre Essence et de témoigner par nos actes un respect sans faille de nos convictions et de nos déclarations. Quelques figures historiques, au nombre desquelles on compte le Bouddha, Confucius, Socrate, Jésus et Mahomet, ont incarné au cours de leur existence une cohérence telle qu'elles représentent encore de nos jours un exemple à suivre pour des millions de gens. Le témoignage de ces « maîtres de cohérence » prouve que l'on peut vivre sans tricher, avec honnêteté et fidélité envers la meilleure partie de soi. Il nous montre qu'il est possible d'atteindre une forme plus évoluée d'humanité, une forme à laquelle nous espérons pouvoir accéder car, intuitivement, nous savons qu'elle nous rendra plus heureux.

Voilà ce que je tentais d'expliquer dans mes *Principes de cohérence*. Le problème, c'est que je m'y prenais d'une façon trop théorique, adoptant un ton très professoral. Mon Ego cherchait à inventer une « théorie de la cohérence », sans doute pour qu'on retienne mon nom dans la postérité. Quelle prétention ! Comme d'habitude, ma mémoire des dates me permet de me souvenir du moment précis où j'ai pris conscience de ma vanité ; c'était le 22 avril 2010, à une heure du matin. J'étais toujours au milieu de ma retraite égyptienne. Quelques semaines auparavant, j'avais envoyé mon manuscrit à Henri Trubert. Ce dernier venait de quitter son poste aux éditions Fayard pour créer sa propre maison, baptisée Les Liens qui libèrent – un nom totalement en phase avec l'intention à l'origine de mon travail d'écriture. Henri avait lu le texte et l'avait trouvé très bon. Nous avions convenu d'une date de parution en octobre. Avant cela, je voulais profiter du calme de la campagne égyptienne pour apporter quelques corrections au texte. Pourtant, curieusement, je n'y parvenais pas ; j'étais tendu, anxieux, agité. Je savais que les deux premiers chapitres devaient être remaniés, mais je n'arrivais pas à définir comment. J'étais en proie à un combat intérieur entre mon Ego, qui voulait à tout prix finaliser le texte pour qu'il paraisse comme prévu, et mon Essence, qui était convaincue que ce serait une erreur. Car j'en étais arrivé à un stade où je ne pouvais plus tricher. Mon intention était clairement de m'identifier à la partie essentielle et sage de moi-même. C'est ce que j'ai écrit dans mon journal, ce 22 avril 2010 à une heure du matin, trois jours avant l'anniversaire de mes quarante-huit ans.

*

Mes *Principes de cohérence* n'ont donc pas été publiés. Ils se trouvent sur une clé USB que j'ai déposée au creux d'une anfractuosité du versant est de la montagne thébaine, au sud de la Vallée des Rois, dans un endroit baigné tous les matins par les rayons chauds du soleil levant. J'aime beaucoup l'idée d'avoir laissé ce texte en Égypte, là où les Anciens enterraient leurs morts. Le fait d'avoir renoncé à le publier équivaut pour moi à une mort symbolique de l'Ego. Il m'aura fallu mourir à Moi plusieurs fois pour trouver un peu plus de Soi. Ce n'est peut-être pas la dernière fois que j'aurai à le faire. Je crois simplement que, après cette mort en Égypte, mon Ego aura beaucoup de mal à ressusciter complètement. Et j'en suis très content.

Je l'ai déjà dit : il me paraît dangereux d'établir une distinction manichéenne entre l'Ego et l'Essence. L'Ego est une construction nécessaire qui nous permet de nous adapter aux difficultés de la vie. Sous réserve de ne pas lui laisser prendre le contrôle de notre existence, nous pouvons l'utiliser au service de cette part plus profonde de nous-mêmes qui est l'Essence. Mais est-il juste de considérer l'Essence comme plus profonde que l'Ego ? Je crois que oui. Lorsque l'Ego est à l'œuvre, ses stratégies d'adaptation et de défense empêchent de prendre conscience des qualités latentes et des aspirations non exprimées de l'Essence ; en revanche, lorsque l'Essence parvient à se révéler, l'Ego disparaît. L'Essence paraît donc être située plus profondément que l'Ego. L'Ego ne fait que la recouvrir, il ne la détruit jamais. La connaissance que j'ai de moi-même et celle que je crois avoir des êtres humains en général ne me laissent aucun doute sur le fait que chacun de nous possède une part essentielle, quelles que soient les stratégies égotiques qui l'empêchent d'y accéder ; je sais aussi que l'on peut abandonner ces stratégies égotiques et continuer d'exister à partir de cette part essentielle.

En rentrant en Europe, à l'été 2010, je pensais ne plus jamais écrire. Puis, un matin, le désir revint ; je « vis » *Le Défi positif*. D'emblée, le sous-titre du livre s'imposa ; ce serait *Une autre manière de parler du bonheur et de la bonne santé* – un sous-titre très semblable à celui que j'avais associé à mes *Principes de cohérence*, sauf que cette fois il s'agirait bien d'une *autre* manière. Une manière différente de celle que j'avais mise en œuvre dans mon essai abandonné en Égypte, en ce sens qu'elle envisagerait la question du bonheur et de la bonne santé d'un point de vue plus large que celui de la simple aptitude à être cohérent. Une manière différente aussi parce que, à l'inverse de nombreux ouvrages sur le sujet, ce *Défi positif* ne se cantonnerait pas à des considérations philosophiques et psychologiques. Il tenterait en plus d'établir des liens avec les dernières découvertes de la science, plus volontiers prises en compte dans notre culture habituée à orienter ses choix sur la base d'études validées par des preuves tangibles et vérifiables.

Je voulais inscrire ce nouveau livre dans une trilogie destinée à porter un regard transdisciplinaire sur la médecine *(La Solution intérieure)*, la maladie (*La maladie a-t-elle un sens ?*) et, finalement, le bonheur et la bonne santé *(Le Défi positif)*. Tout à coup, cela m'apparut comme une évidence : après m'être investi dans la médecine et être tombé malade, il était temps que je me questionne à propos de ce qui pourrait faire mon bonheur et ma bonne santé. Toutes les enquêtes le montrent : lorsqu'il s'agit de créer notre bonheur, nous cherchons à éprouver du plaisir tout en ayant le sentiment que notre existence a un sens ; et le meilleur moyen de donner du sens à notre vie est d'établir des liens harmonieux avec les autres, en définissant nos valeurs et en exprimant le meilleur de nous-mêmes. En d'autres mots, nous ne pouvons pas être heureux si nous ne parvenons pas à manifester les qualités de notre Essence. Cela revient à vivre ce qu'Aristote appelait l'*eudaimonia*, cette existence vertueuse – la « bonne vie » – à laquelle nous pouvons accéder lorsque nous nous laissons inspirer par l'*eudaimon* – le « bon génie » – qui est en nous.

En écrivant mon *Défi positif*, je pris conscience du fait que le besoin de plaisir et le besoin de sens sont absolument fondamentaux pour chacun d'entre nous. Le plaisir nous motive à agir et le sens donne une signification et une direction à nos actions. De nombreuses études révèlent que plus nous avançons en âge, plus le besoin de sens devient important. Cela se conçoit aisément : en vieillissant, nous avons du recul pour comprendre la signification qui se dégage de notre vie et nous pouvons décider, en conscience, dans quelle direction nous voulons continuer à exister. Je n'aurais pas pu comprendre la logique égotique de mon histoire personnelle avant d'avoir la distance nécessaire pour examiner les trente-cinq premières années de ma vie. Je n'aurais pas pu non plus appréhender la logique apaisée qui inspire ma vie aujourd'hui sans avoir vécu les quatorze années qui se sont écoulées depuis ma « seconde naissance » du 5 janvier 1998. Il faut du temps pour revenir à Soi. D'autant plus de temps que c'est notre cohérence qui dessine le sens de notre existence. Plus nous avons été cohérents par rapport à ce que nous étions, plus le sens de notre vie nous apparaît clairement.

Je me rends compte aujourd'hui que les titres de mes livres résument les quatorze dernières années de mon parcours. *Le Travail d'une vie* annonçait le plan de ma progression ; *Vivre en paix* était la condition indispensable pour pouvoir m'engager sur le chemin ; *La Solution intérieure* a été ma façon de guérir un conflit intime et d'assumer la responsabilité de mes choix ; *La maladie a-t-elle un sens ?* m'a posé la question de la cohérence de ces choix par rapport à ce qui m'est le plus essentiel ; *Le Défi positif* est l'objectif que je me suis fixé pour la suite de la route. Curieusement, ce dernier ouvrage illustre le premier. Une autre boucle serait-elle en train de se boucler ?

Après la parution du *Défi positif*, à l'automne 2011, je me suis demandé pourquoi, et surtout comment, j'avais trouvé l'énergie d'écrire les trois tomes de ma trilogie « médecine – maladie – bonheur et bonne santé ». Quinze mois d'écriture, huit heures par jour, pour le premier, onze mois pour le deuxième, neuf mois pour le troisième. Ce fut un travail considérable, que je qualifie volontiers de « colossal », pour ne pas dire « pharaonique ». Je ne suis pas certain que je serais capable de l'entreprendre à nouveau, et surtout de le mener à bien. Car, entre-temps, mon état d'esprit a changé. Je prends conscience qu'une grande part de ma motivation reposait sur ma recherche de légitimité. En effet, en opérant une rupture brutale avec ma carrière de chirurgien, j'ai abandonné le savoir, les compétences et la réputation qui me rendaient légitime à exercer cette profession. En écrivant *Le Travail d'une vie* et *Vivre en paix*, j'ai, à mes yeux en tout cas, acquis la légitimité d'accompagner des personnes dans leur quête psychologique et spirituelle. Il m'a fallu trois livres extrêmement documentés, comportant chacun plusieurs centaines de références scientifiques, pour me considérer comme légitime à accompagner psychologiquement des malades atteints de pathologies physiques et à prendre la parole sur ce sujet devant mes confrères médecins. Des confrères avec lesquels j'avais besoin de renouer un lien.

Cette trilogie a donc servi à rassurer mon Ego. Pourtant, j'éprouve une véritable joie à l'avoir écrite. Je l'ai dit : chaque fois que j'éprouve cette joie, je sais que ce que je fais est en cohérence avec les intentions apaisées de cette part essentielle de moi qui est le Soi. Ainsi, je pense pouvoir affirmer que, cette fois, j'ai réussi à mettre mon Ego au service de mon Essence.

*

Le piège aurait été de croire que le parcours était fini. Je m'en suis très rapidement rendu compte lorsque, dans les semaines qui ont suivi la parution du *Défi positif*, j'ai dû faire face à beaucoup de sollicitations de la part des médias et à de nombreuses demandes de conférences. Ce que j'aurais apprécié il y a quelques années ne me plaît plus du tout aujourd'hui. Les plaisirs du Moi n'ont rien à voir avec ceux du Soi. En ce qui me concerne, dès que je suis connecté à l'essentiel, j'éprouve un immense besoin de silence et de paix. Je ne supporte plus le bruit et l'agitation, les discours creux, les sourires de circonstance, la gentillesse complaisante, les jeux de séduction, les tentatives de manipulation. Je deviens sévère et intransigeant, mais je reste bienveillant. Je me sens juste et à ma juste place, si bien que ce qui pourrait me faire perdre ma cohérence par rapport à l'essentiel n'a plus aucune influence sur mes choix et mes décisions. Peu importe que cela plaise ou non.

Je suis conscient que certaines personnes jugent cette attitude inflexible comme une rigidité. Je sais qu'elle n'est que le reflet de mon intégrité. Il est parfois difficile de faire comprendre l'importance de rester fidèle à Soi à des personnes qui ne connaissent que le langage du Moi. L'une des expériences les plus pénibles que j'aie eues à vivre à cet égard s'est déroulée à Liège, en Belgique. J'avais été invité à parler devant près de deux mille personnes dans le cadre d'un prestigieux programme de conférences. Juste avant que je ne monte sur la scène du Palais des congrès, les organisateurs m'informèrent que je serais filmé et qu'un DVD serait mis en vente à l'issue de la soirée. Je m'opposai immédiatement à ce projet : je n'accorde que très rarement le droit d'enregistrer mes conférences, pour la simple raison que je les considère comme des rencontres, des moments partagés avec le public dans la générosité et la spontanéité ; seules les personnes présentes peuvent réellement capter la nature du message que je tente de faire passer, celui-ci n'étant pas uniquement verbal, mais aussi, et peut-être surtout, physique. Chacune de mes conférences est une expérience de présence que le qigong me permet de créer d'une façon très intense ; c'est, je crois, ce qui fait le succès de mes apparitions publiques.

Malgré tout, les organisateurs insistèrent. Comprenant que je ne céderais pas, ils tentèrent de me culpabiliser en évoquant les centaines de personnes qui auraient aimé pouvoir assister à la soirée. En vain. Ils essayèrent alors de me flatter, soulignant la qualité de mes exposés. Sans succès. Le drame fut que, pour trouver un peu de calme avant de commencer ma conférence, je finis par capituler et signai un document stipulant que j'abandonnais mes droits sur l'enregistrement. Document que je détruisis par la suite, ce qui me valut un harcèlement quasi quotidien des organisateurs durant plusieurs semaines. À chaque appel téléphonique, je devais subir des commentaires ironiques sur ma cohérence. J'étais sur le point de céder. Mais tout mon corps refusait cette idée ; j'avais des crampes d'estomac et des plaques d'eczéma sur les doigts. Finalement, j'adressai aux organisateurs une lettre dans laquelle j'expliquai mon incapacité à trahir des principes qui me paraissent essentiels. Je leur demandai d'envoyer une copie de la missive à toutes les personnes qui avaient commandé le DVD, afin qu'elles comprennent que ma décision était motivée par le souci de rester fidèle à celui que je suis. Je crois, hélas, que cela ne les a pas incités à revoir leur jugement.

Des expériences de ce genre constituent de véritables tests qui obligent à faire preuve de beaucoup de discernement. Heureusement, elles ne sont pas toutes aussi pénibles à vivre. Je me souviens par exemple d'une conversation téléphonique qui m'a beaucoup amusé. Elle eut lieu avec une femme qui souhaitait m'inviter à parler en ouverture d'un colloque, à Paris, pour sensibiliser les professionnels de l'industrie cosmétique et des centres de bien-être au fait qu'il faut « valoriser le contenu au lieu de ne s'attacher qu'au contenant » (ce sont les mots qu'elle utilisa). Le projet semblait correspondre à mes préoccupations, j'étais donc prêt à accepter l'invitation. Cependant, lorsque nous en vînmes à discuter des honoraires, mon interlocutrice m'expliqua que son budget ne lui permettait pas de payer les conférenciers. Le coût de la location de la salle, située dans l'hôtel Ritz, place Vendôme, et celui de la restauration empêchaient d'envisager de quelconques dépenses supplémentaires. Je répondis que, dans ces conditions, je ne pouvais pas accepter de donner cette conférence. « Je n'avais pas imaginé que vous étiez vénal », me dit-elle alors. Je rétorquai qu'il ne s'agissait pas de vénalité, car il m'arrivait très fréquemment d'offrir des conférences pour des causes humanitaires, mais que, dans le cas présent, mon refus était justifié par l'incohérence du projet. Je me serais considéré comme un imposteur si j'avais accepté de parler de l'importance de valoriser le contenu au lieu de ne s'attacher qu'au contenant alors que, moi-même, j'aurais consenti à prononcer gratuitement une conférence – c'est-à-dire un contenu – dans un grand hôtel parisien – c'est-à-dire un contenant – dont la salle aurait été louée à grand prix. La femme ne comprit pas mon raisonnement. Je l'invitai donc à préciser les intentions au service desquelles elle mettait sa cohérence. Car dire une chose et faire son contraire n'est pas convaincant. Quand il s'agit de faire passer un message, rien n'est plus fort qu'un témoignage.

*

Adolescent, j'ai lu le célèbre roman *Sinouhé l'Égyptien*, de Mika Waltari, dans lequel un médecin raconte sa vie en Égypte, au Proche-Orient et en Crète au XIVe siècle avant notre ère, sous le règne du pharaon

Akhénaton. Tout le récit est écrit à la première personne du singulier, sous la forme de confidences dont le ton, empreint de simplicité, d'authenticité et d'honnêteté, m'a beaucoup touché. J'imaginais le héros assis sous le sycomore devant sa maison, dans les quartiers populaires de l'antique Thèbes – l'actuelle Louxor –, en train de rédiger ses Mémoires, un stylet en roseau à la main, des rouleaux de papyrus entassés à ses pieds. Cette image m'accompagna très longtemps, puis elle finit par quitter ma mémoire. Jusqu'au jour où je terminai la rédaction du *Défi positif.* C'était le 30 mars 2011. Ce jour-là, j'écrivis dans mon journal que, dès le mois de février 2012, je me rendrais à Louxor, dans la maison en briques de boue séchée, au milieu de la campagne de Medinet Habu, sur la rive ouest du Nil, pour y écrire mes *Confidences*.

Mon idée était d'offrir à la vie autant qu'elle m'avait donné. Cela ne sera sans doute jamais possible, car j'ai beaucoup reçu. J'ai le sentiment d'avoir été très privilégié par rapport à d'autres. Non pas tant par les circonstances relativement douces de mon existence, mais par le fait que, malgré certaines difficultés, j'ai pu maintenir une connexion assez forte avec la vie pour remarquer les présents qu'elle m'offrait. Cela m'a donné l'envie d'essayer de comprendre ce qu'est la vie, de la vivre pleinement et de l'honorer – ce qui revient à respecter ses principes fondamentaux tout en faisant fructifier ses cadeaux. La vie cherche à créer de la vie ; elle nous donne de quoi l'aider dans son dessein. Faire fructifier ses dons implique de les utiliser pour créer davantage de vie. C'est la raison pour laquelle je m'applique à respecter les principes de confiance, de fluidité et de cohérence qui me paraissent être les conditions de la pleine vitalité. C'est aussi pour cela que je tente de transmettre cette vitalité par mes consultations, mes livres et mes conférences. Je rencontre tant de gens qui passent à côté de la vie, à côté de *leur* vie. Tant de gens tristes, fatigués et malades de n'avoir pas compris les principes de la vie et de ne pas avoir utilisé les cadeaux qu'ils ont reçus. Tant de gens qui sont déconnectés de leur Essence et perdent leur vitalité. Ceux-là ne vivent pas leur légende personnelle ; ils avancent en marge de ce qui aurait pu être *leur* histoire ; ils se sont laissé piéger par les délires du Moi en oubliant leur Soi ; ils voudraient être quelqu'un qu'ils ne sont pas et sont incapables de manifester celui qu'ils sont déjà ; ils ont perdu leur joie. C'est à eux que j'adresse ces *Confidences*. Si seulement mon témoignage pouvait leur donner l'envie de recontacter leur Essence et d'exprimer ce qui les rend joyeux.

Mais qui suis-je pour prétendre que mon cas particulier peut être généralisé ? Le fait d'être né en bonne santé, dans un pays en paix, au sein d'une famille prospère, aimante et cultivée, avec suffisamment de curiosité et d'imagination pour compenser les handicaps et les blessures de mon enfance en m'inventant le projet de devenir égyptologue ou chirurgien, ne fausse-t-il pas ma vision des choses ? Je ne le pense pas. Les cinquante années que je viens de vivre et ma longue pratique d'accompagnement des personnes en souffrance m'ont convaincu que, malgré les circonstances diverses de nos existences personnelles, nous sommes tous faits de la même substance. Chacun de nous est l'héritier du passé de ses ancêtres, porte en lui des blessures de son enfance, est apeuré et met en place toutes sortes de stratégies égotiques. Bien sûr, certains ont un passé plus lourd à assumer que d'autres ; de nombreuses personnes souffrent de manques et de handicaps qui les empêchent de mener l'existence qu'elles souhaiteraient ; beaucoup d'enfants grandissent dans des conditions si précaires qu'ils passeront leur vie à tenter de satisfaire leurs besoins de base au lieu de pouvoir s'épanouir dans des projets gratifiants. Néanmoins, je pense que s'arrêter à ce genre de constat ne suffit pas. Ce qui est réellement important, ce n'est pas ce que l'on fait *dans* la vie, c'est ce que l'on fait *de* sa vie. La nuance est fondamentale. Poser des actes brillants sans se soucier de la vertu n'est rien comparé au fait d'exprimer le meilleur de soi dans toutes ses actions, y compris les plus infimes et les moins spectaculaires. C'est un message difficile à transmettre dans une culture comme la nôtre, où agir et posséder est plus important qu'être et témoigner. C'est pourtant le seul moyen, je crois, de connaître la joie. Le sourire et les yeux lumineux de certaines personnes handicapées, malades ou défavorisées sur le plan matériel, contrastant avec le regard triste et fatigué de nombreuses autres pourtant beaucoup plus « gâtées », en est sans doute la meilleure preuve. La véritable question est donc de savoir pourquoi certains restent connectés à leur Essence et sont reliés à la vie, tandis que d'autres sombrent dans la négativité.

Regretter ce que l'on n'a pas, se plaindre de ses manques, espérer être quelqu'un d'autre empêche de faire fructifier ses atouts et de révéler celui que l'on est naturellement, essentiellement. Nous ne faisons pas toujours ce que nous aimerions faire, mais nous pouvons décider de vouloir ce que nous faisons. Pourvu que nos actions donnent un sens satisfaisant à notre vie. D'expérience, je sais que la meilleure façon de connaître cet épanouissement consiste à actualiser le meilleur de nous-mêmes, quelles que soient les difficultés qui se mettent en travers du chemin. Parfois, je m'en veux de ne pas suffisamment exprimer le meilleur de moi à travers mes actions ; je me reproche de ne pas dépenser plus d'énergie pour aider les autres, m'investir davantage dans les projets humanitaires que je soutiens, notamment auprès des réfugiés tibétains, accepter plus de personnes dans mes consultations, donner un plus grand nombre de conférences, consacrer plus de temps à mes amis et à ma famille. Du coup, la culpabilité m'envahit et mon corps connaît l'inconfort. Cela suffit pour me ramener à un peu d'humilité. Car, en réalité, on ne peut pas tout faire. L'important est d'agir en fonction de qui l'on est, et il n'y a aucune raison de vouloir être un autre. Mon histoire m'a amené à développer plus de conscience de moi-même, je possède une bonne capacité d'empathie, j'éprouve le besoin d'aider autrui, j'aime lire et me cultiver, je suis doué pour écrire et prendre la parole en public, j'apprécie de passer du temps en Égypte et, plus que tout, j'ai besoin de calme et de paix pour préserver un espace intérieur qui m'est devenu indispensable. Pourquoi devrais-je faire autre chose ? Il me suffit d'avoir suffisamment d'imagination pour inventer une vie me permettant d'utiliser mes différents talents tout en comblant mes différentes aspirations. Après, il faut le courage d'assumer ce que l'on a désiré.

C'est ainsi que je me retrouve à Medinet Habu en train d'écrire ces lignes. Et, au lieu de culpabiliser, j'éprouve de la gratitude envers moi-même pour avoir eu l'imagination de créer cette opportunité, la sagesse de croire que j'étais capable de mener à bien mon projet et le courage d'en accepter les conséquences. Car on ne se retire pas dans la campagne égyptienne pendant plusieurs semaines pour écrire des *Confidences* sans devoir faire face à quelques doutes et à un peu d'inconfort. Il y a les questionnements sur les réelles motivations, la légitimité et l'utilité de ce genre de travail d'écriture, les jugements que l'on peut avoir sur soi-même, la pudeur que l'on doit abandonner pour écrire avec honnêteté et authenticité. Il y a aussi l'isolement, l'incompréhension, voire la désapprobation, de certaines personnes, le sacrifice de quelques opportunités, un manque à gagner en termes d'argent, la responsabilité d'infliger des désagréments à ses proches par son absence prolongée. Mais qu'est-ce que tout cela à côté de la joie de se mettre au service d'un projet essentiel ? Il y a toujours une raison de s'interdire ce genre d'accomplissement. Lorsque j'examine les arguments que j'ai d'abord invoqués pour ne pas me lancer dans l'écriture de ce livre, je suis bien forcé d'admettre qu'ils étaient liés à des peurs égotiques qui ne faisaient pas le poids face à la confiance de mon Essence. Peu importe ce que les autres pensent de moi, peu importe le manque d'argent et l'isolement, pourvu que je sois cohérent par rapport à ce qui me paraît essentiel ; je sais que, lorsque j'agis de la sorte, j'honore la vie qui est en moi, et la vie m'aide à rester pleinement vivant.

*

J'ai l'habitude de demander aux personnes que je reçois dans mes consultations de me dire quelle existence elles créeraient pour elles-mêmes si elles avaient une baguette magique à leur disposition. La plupart du temps, je n'obtiens pas de réponse ; les gens me disent ne pas avoir l'imagination suffisante pour inventer une vie qui leur correspond. Ils sont prisonniers de leurs croyances à propos d'eux-mêmes et de la réalité, conditionnés à jouer un rôle, inhibés par la peur de l'inconnu, mal assurés de leur capacité à assumer les conséquences d'un changement. Ils préfèrent donc ne pas changer, ne plus bouger. Or la vie est un mouvement permanent. Comment espérer se sentir vivant si l'on ne bouge plus ? Mon travail est d'aider ces personnes à échapper à la logique névrotique de leur Ego et à dépasser leurs peurs, leurs inhibitions et leurs conditionnements pour, enfin, vivre pleinement. Certaines d'entre elles se rendent compte qu'elles n'ont jamais eu l'occasion de sentir ce qu'« être pleinement vivant » pouvait signifier parce que, jusqu'alors, elles ont tenté d'oublier leur mal-être en fuyant dans toutes sortes de divertissements ou en consommant de l'alcool, des drogues ou des médicaments. Heureusement, toutes ne restent pas bloquées dans ces impasses. Reconnectées à leur Essence, d'autres, même atteintes d'une pathologie incurable, finissent leur vie beaucoup plus vivantes qu'elles ne l'avaient été avant de tomber malades. Être le témoin de ces évolutions me procure beaucoup de joie ; chaque fois, j'ai le sentiment d'assister à une naissance, à une révélation du Soi qui est à la fois un épanouissement et un accomplissement.

J'avoue avoir du mal à accepter l'inertie de certaines personnes qui se considèrent comme victimes d'un destin malheureux. Je refuse de les conforter dans cette posture d'impuissance, car je sais d'expérience qu'il existe presque toujours une possibilité de se révolter contre ce qui paraît être une fatalité, de retrouver de la liberté et, surtout, de la dignité. « Tout ce qui ne parvient pas à la conscience revient sous la forme du destin », a écrit Carl Gustav Jung. Mon travail est d'aider à développer la conscience qui permet de comprendre les lois de causalité, de négativité, d'attraction et de résonance dont j'ai parlé plus haut et qui font ce que nous appelons le « destin ». Il consiste aussi à avoir suffisamment de foi en l'autre pour qu'il reprenne confiance en lui. Refuser de considérer une personne en souffrance comme une victime est alors un acte d'amour. De mon point de vue, la plus belle preuve d'amour que nous puissions donner à autrui est la confiance inconditionnelle que nous lui témoignons. Évidemment, cela peut prendre du temps, beaucoup de temps, même. Dans mes consultations, je dois faire preuve d'une patience et d'une compassion particulières. Cela ne m'est pas toujours facile. Peut-être parce que je sais la volonté et les efforts que j'ai déployés pour ne pas sombrer. Il n'empêche que je dois pouvoir accepter que tous n'aient pas la même force ni les mêmes capacités. Accompagner autrui, ce n'est pas l'emmener là où nous voulons, c'est cheminer avec lui dans la direction où il est capable d'aller.

Il y a plusieurs chemins pour se reconnecter avec son Essence ; chacun doit trouver le sien. Il n'est pas nécessaire de rompre avec le passé aussi brutalement que je l'ai fait, car, tôt ou tard, il faut se réconcilier avec ce que l'on a vécu pour intégrer ce passé dans la continuité de sa propre histoire. On peut revenir

Composé par Nord Compo
à Villeneuve-d'Ascq (Nord)

Imprimé en France par

CPI
BRODARD & TAUPIN

à La Flèche (Sarthe)
en janvier 2014

POCKET – 12, avenue d'Italie – 75627 Paris Cedex 13

N° d'impression : 3003763
Dépôt légal : février 2014
S23486/01